Mit Licht geschrieben

BildGeschichten von Ennepe und Ruhr

Günter Lintl | Brigitte Waldens

Heimat entdecken!

Eine Einladung, die Überraschungen verspricht.
Eine Aufforderung, die Neugier weckt.
Ein Erlebnis, das Lust macht auf mehr.
Denn Heimat begeistert. Auf vielfältige Art und Weise.

Die Region zwischen Ennepe und Ruhr, in der wir leben, wohnen und arbeiten, ist ein Standort mit zahlreichen Facetten. Ein Standort mit großer Vergangenheit, die uns jetzt vor die immense Aufgabe stellt, die Zukunft zu meistern. Ohne Neuorientierung wird dies nicht gelingen. Denn Eisen und Kohle, die einst unsere Industrie zur Blüte gebracht haben, sind nicht mehr. Das alte Handwerk, seinerzeit stabiles Rückgrat des mittelständischen Gewerbes, hat an Bedeutung verloren. Im Krenzer Hammer arbeitet gerade noch der letzte Formschmied im Quartier. Von den vielen Gießereien sind nur noch wenige im Einsatz. Die Hüttenwerke und Zechen haben dicht gemacht.

Der notwendige Strukturwandel stellt uns alle, Wirtschaft wie Gesellschaft, vor außerordentliche Herausforderungen. Mit Hilfe innovativer Ideen, mutiger Strategien, tatkräftiger Unternehmer und engagierter Bürger werden wir diesen Auftrag bewältigen.

Vieles haben wir bereits geschafft, vieles auf den Weg gebracht. Trotzdem sollten wir bei unserem Blick in die Zukunft nicht das Vergangene aus den Augen verlieren. Denn hier liegen die Wurzeln für unsere Identität, unsere Kultur, unseren wirtschaftlichen Erfolg.

Deshalb folgen Sie der Anregung und gehen Sie auf die Reise, um Ihre Heimat neu zu entdecken. Der ideale Reisebegleiter ist das aktuelle Buch von Günter Lintl und Brigitte Waldens mit dem verheißungsvollen Titel „Mit Licht geschrieben". Ein Buch, das die Brücke schlägt von gestern bis morgen. Die besondere Optik der schwarz-weiß Fotos tut ein Übriges, um die Tour durch die Heimat zu einem buchstäblich sehenswerten Ereignis zu machen.

Lassen Sie sich von den Bildgeschichten von Ennepe und Ruhr inspirieren und besuchen Sie die neun Städte im Kreis mit ihren Sehenswürdigkeiten. Lernen Sie die Entwicklung von Industrie, Handel und Handwerk im Laufe der Jahrhunderte kennen. Erleben Sie Spannendes bei Sport und Spiel und feiern Sie feste mit. Dazu haben Sie die Möglichkeit, auf Schiene, Straße und Wasser den Verkehr von gestern bis heute zu beobachten.

Dies alles und mehr erwartet Sie bei der Lektüre dieses informativen und zugleich unterhaltsam geschriebenen Buches. Ich wünsche Ihnen ein abwechslungsreiches Lesevergnügen bei der Rundreise durch Ihre Heimat und den beiden Autoren Glückauf.

Ihr
Olaf Schade

Landrat des Ennepe-Ruhr-Kreises

Aus meinem Blickwinkel

Die meisten Fotos in diesem Buch sind zwischen 1970 und 1985 entstanden. In dieser Zeit habe ich mit meiner Spiegelreflex 6 x 6 Kamera Marke Hasselblad oft Wanderungen an Ennepe und Ruhr unternommen. Immer auf der Suche nach einem Motiv für ein gutes Foto.

Dabei ist der Moment, in dem ich den Auslöser betätige, auch für mich als Profi stets ein hoch spannender Augenblick. Ich habe zwar eine Vorstellung, sehe das Ergebnis aber erst später. Daher sind Überraschungen nicht ausgeschlossen.

Aufnahmen aus alter Zeit

Ergänzt werden die Illustrationen zu den Bildgeschichten in diesem Buch durch historische Aufnahmen aus dem Fotoatelier, das mein Großvater Anton um 1900 in Gevelsberg gegründet hatte und anschließend von meinem Vater Hans Günter Lintl fortgeführt wurde.

Beide Fotografenmeister nutzten für ihre Auftragsarbeiten eine 13 x 18 Reisekamera aus Holz. Sie war das leistungsstarke Handwerkszeug der Fotografen in dieser Zeit mit idealen Voraussetzungen für große Negative und einer Auswahl an Objektiven, die jeder Aufgabe gerecht wurden. Präzision und Sorgfalt waren damals oberstes Gebot. Denn für jede Aufnahme gab es nur ein Negativ. Nachlässigkeit konnten sich die Fotografen in der Vergangenheit also keinesfalls erlauben.

Impressionen aus der Dunkelkammer

Natürlich besitze ich den Ehrgeiz, durch Belichtung, Ausschnitt, Vergrößerung und Verarbeitung im Labor Einfluss auf die beabsichtigte Aussage des Fotos zu nehmen und diese nach Möglichkeit zu verbessern.

Mit der Wahl des Ausschnitts ist der erste Schritt zur kreativen Gestaltung eines Fotos getan. In dieser Phase hatte ich Gelegenheit, das Bild nach meinen Vorstellungen zu verändern, dem Motiv die gewünschte Ausdruckskraft zu geben und die Wirkung exakt auf ein bestimmtes Ziel zu lenken. Da ich von jedem Negativ Kontaktabzüge herstellte, konnte ich mit Hilfe eines Ausschnittschiebers vorab genau festlegen, wie das fertig bearbeitete Foto aussehen sollte.

Die einzigartige, etwas geheimnisvolle Atmosphäre in der Dunkelkammer tut ein Übriges, die Phantasie bei der Fotogestaltung anzuregen. Anzuregen, durchaus auch einmal eingefahrene Wege zu verlassen und Neues in der Fototechnik zu wagen.

Schwarz-Weiß für einen starken Ausdruck

Mein damaliges Schwarz/Weiß-Labor hat mir einen breiten Spielraum verschafft, die Bilder nach meiner persönlichen Auffassung zu strukturieren. Beispielsweise durch die Entscheidung, wie kontrastreich das Foto entwickelt werden soll. Hier kann es durchaus zu einer Überzeichnung der Strukturen kommen, die fototechnisch an die Grenze des Machbaren führt. Schwarz/Weiß reduziert die Darstellung auf eine einfache Ebene und gibt dem Betrachter die Gelegenheit für eigene Interpretationen

Dieses Buch soll Anregungen liefern, auf eine Reise durch meine analoge Bilderwelt zu gehen. Folgen Sie den Geschichten, die meine Kamera mit Licht geschrieben hat, und entdecken Sie Neues und Unbekanntes von Ennepe und Ruhr.

Ihr
Günter Lintl

Sport & Spiel

Typisch Heimat

Im Kreisverkehr

Unterwegs entdeckt

Mit Licht geschrieben

Fotografie beim Wort genommen

Günter Lintl hat das Experiment gewagt und das fotografische Prinzip zu seiner Richtschnur gemacht. So wurde die Kamera für den renommierten Fotografenmeister zu einem Werkzeug, um mit Licht zu schreiben und zu zeichnen. Daraus entwickelte sich eine eigenständige Bildsprache im typischen Duktus, die sowohl authentischen Zeitdokumenten als auch künstlerischen Fotoarbeiten ein unverwechselbares Profil verleiht.

Nun hat hat Günter Lintl sein Archiv geöffnet und eine Auswahl von Aufnahmen aus dem Ennepe-Ruhr-Kreis zusammengestellt. Die Motive in anspruchsvollem Schwarz/Weiß bieten eine facettenreiche Spannbreite der analogen Fotografie. Damit gelingt es, ein kreatives Ausrufe-Zeichen zu setzen, das in der vergänglichen Bilderflut des digitalen Zeitalters über den Tag hinaus für Beständigkeit und Werterhalt steht.

Gleichzeitig erzählen die Aufnahmen ihre eigene Geschichte, eingefangen von der Kamera aus dem Blickwinkel des Fotografen Aus dieser Sammlung von Fotos und Themen ist ein ungewöhnliches Buch entstanden. Ein Buch, das Sie mitnimmt in eine besondere Welt. Lassen Sie sich verführen zu einer Lektüre, die Ihre Gedanken zu interessanten Zielen führt und Ihnen spannende Ansichten und Eindrücke vermittelt.

Ihre
Brigitte Waldens

Die Städte im Kreis

Vielfalt mit Kennzeichen EN

Überraschend anders. Mal hoch hinaus, mal weit unten, mittendrin statt außen vor. Das Gebiet zwischen Ennepe und Ruhr steckt voller Eigenarten, die darauf warten, entdeckt zu werden.

Um die Kamera auf ihrem Streifzug durch die neun Städte des Kreises nicht unvorbereitet zu begleiten, lohnt sich ein Blick auf wissenswerte Daten, Zahlen und Fakten. An der Nahtstelle von Ruhrgebiet, Sauerland und Bergischem Land in der Mitte Nordrhein-Westfalens gelegen, befindet sich der Ennepe-Ruhr-Kreis im Spannungsfeld zwischen idyllischer Naturlandschaft und industriell geprägtem Wirtschaftsraum.

Gegründet wurde der Kreis während der Weimarer Republik anno 1929. Das Territorium setzt sich aus neun Gemeinden zusammen, darunter geschichtsträchtige Ortschaften wie die alte Hansestadt Breckerfeld, die ihre Stadtrechte seit 1396 besitzt. In den Jahren 1970 und 1975 kam es durch kommunale Neugliederungen zu etlichen zusätzlichen Eingemeindungen. Der Kreis gehört zum Regierungsbezirk Arnsberg; der Verwaltungssitz befindet sich in Schwelm,

Die Höhe macht den Unterschied

Der Weg vom Südosten in den Westen der Region führt durch eine Gegend, die von Hügeln, Wald und Wasser bestimmt wird. Vorbei an kleinen und mittleren Städten, die ihren ursprünglichen Charakter glücklicherweise vielfach behalten haben. Dabei muss unterwegs ein beachtliches Gefälle überwunden werden. Von der höchsten Erhebung mit 441 Metern in Breckerfeld geht es hinunter zur tiefsten Stelle in Hattingen, die lediglich 60 Meter ü.NN liegt. 381 Meter Höhenunterschied, in dem der einzigartige Charme dieser Region sichtbar wird. Rund 325.000 Menschen leben und arbeiten hier auf einer Gesamtfläche von 408,44 km^2.

Gut aufgestellt für neue Herausforderungen

Über Jahrzehnte beruhte der wirtschaftliche Erfolg des Landes zwischen Ennepe und Ruhr auf den vier Säulen Bergbau, Kleineisenindustrie, Eisenverarbeitung und Stahlerzeugung. Doch die Zeitenwende ließ sich nicht aufhalten. Die Kohlezechen mussten schließen, Hüttenwerke machten dicht, in Hämmern und Gießereien gingen aufgrund mangelnder Wettbewerbsfähigkeit und sinkender Nachfrage immer mehr Arbeitsplätze verloren.

Der erforderliche Strukturwandel ist mittlerweile im Kreis gut vorangekommen. In den Bereichen Gesundheit, Freizeit und Tourismus kann der Wirtschaftsstandort punkten. Mit der Privatuniversität Witten/Herdecke wird national und international ein überzeugendes Signal für anspruchsvolle Bildungsangebote gesetzt. Gute Aussichten für eine liebenswerte Region, jetzt und künftig an die Erfolge ihrer großen Vergangenheit anzuknüpfen.

Alles beschaulich im Fluss: Die Ruhr bei Witten.

Breckerfeld

Handelsdrehscheibe nach Europa

Ob die Kaufleute der Hanse im 14. Jahrhundert den begehrten Kurzdolch „Breckerfelder“ im Gewand trugen, ist nicht überliefert, aber durchaus wahrscheinlich. Schließlich waren die Reisewege durch Europa zur damaligen Zeit nicht gerade sicher. Vor allem dann nicht, wenn Straßenräuber in den Kisten und Kasten der wohlhabenden Händler wertvolles Gut vermuteten.

Doch zurück auf Anfang. An der Kreuzung der im Hochmittelalter so bedeutenden Verbindung vom jetzigen Dortmund nach Köln entstand zum Ende des 12. Jahrhunderts die Siedlung Brecheruuelde, die sich rasch zu einem wichtigen Markt- und Gewerbeplatz entwickelte. Maßgebliches Handelsgut damals war der Stahl, der aus Raseneisenstein gewonnen, als Rohstoff weitertransportiert oder direkt vor Ort in den Schmieden zu Messern und Stichwaffen verarbeitet wurde.

Ein tiefer Fall ins Bodenlose

Im 15. Jahrhundert erreichte der Stahlhandel seinen Höhepunkt. Breckerfeld wurde Mitglied der Hanse und Drehscheibe für den europaweiten Export. Von London bis nach Moskau herrschte rege Nachfrage nach dem qualitativ hochwertigen Metall aus dem Westfälischen. Wie häufig in der Wirtschaft, hielt der Boom mit steigender Internationalisierung der Handelsbeziehungen jedoch nicht an. Andere Länder waren in der Lage, Eisen und Stahl wesentlich kostengünstiger zu produzieren als in Breckerfeld.

Zahlreiche verheerende Brände in den folgenden Jahrhunderten beschleunigten den wirtschaftlichen Niedergang der Stadt. So verwundert es nicht, dass sich aufgrund der trüben Aussichten die Stimmung in der Kommune derart verschlechterte, dass 1896 sogar die 500-Jahr-Feier abgesagt wurde.

Von ganz unten wieder bergauf

Doch endlich zeigte sich nach langer Durststrecke für die kleinste Gemeinde im heutigen Ennepe-Ruhr-Kreis ein Silberstreif am Horizont. Durch die Ansiedlung von Unternehmen aus unterschiedlichsten Branchen wurden neue Arbeitsplätze geschaffen; mit der Bebauung weiterer Wohngebiete stieg die Attraktivität für potenzielle Neubürger, die in landschaftlich reizvoller Lage ein hohes Maß an Wohn- und Lebensqualität für sich und ihre Familien suchten

Eine kluge Stadtpolitik versteht es, mit der schönen Umgebung den Tourismus zu befördern. Drei Talsperren, ein Rundwanderweg mit einer Gesamtlänge von 100 Kilometern, dazu zahlreiche Einrichtungen für Sport und andere Freizeitgestaltungen machen Breckerfeld zu einem beliebten Ziel von Besuchern aus der Region. Zudem hat auch die Stadt selbst viel Sehenswertes zu bieten. Zum Beispiel den historischen Stadtkern mit seinen zahlreichen denkmalgeschützten Bauten wie etwa dem Mühlenhof oder der evangelischen Jakobus-Kirche, der einzigen spätgotischen Basilika Westfalens.

Wie ein himmlischer Fingerzeig recken sich die Kirchtürme über Breckerfeld in die Höhe.

Ennepetal

Junge Stadt mit Vergangenheit

Wer glaubt, Ennepetal könne als eines der jüngsten Mitglieder im Bund mit den anderen altehrwürdigen Schwesterstädten nicht Schritt halten, irrt erheblich. Denn die Stadt, die 1949 aus dem Zusammenschluss der Gemeinden Milspe und Voerde hervorgegangen ist, hat sich im Laufe der Zeit zur viertgrößten Kommune im Kreisgebiet entwickelt. Darüber hinaus blickt Ennepetal auf eine bemerkenswerte Vergangenheit zurück, die um 800 n. Chr. ihren Anfang nahm. Dies belegen frühe Werkzeugfunde aus der Zeit und Dokumente, die bis in 11. Jahrhundert zurückreichen.

Ein Ofen macht Erz zu Eisen

Die Zeugnisse aus dem Hochmittelalter zeigen aber auch, wie innovativ die Menschen damals gewesen sind. Zum Beispiel bei der Herstellung von Eisenerz mit Hilfe von Rennöfen. Eine Vorrichtung in Form eines bis zu 220 cm hohen Schachtes, aus Lehm oder Steinen errichtet. Befüllt wurde der Ofen schichtweise mit Brennstoff und zerkleinertem Erz und anschließend mit Holzkohle, Holz oder Torf aufgeheizt. Bei einer Temperatur von 1100 bis 1350 ° C reduzierte sich während des Brennvorgangs ein Teil des Erzes zu Eisen. So erklärt es die verbreitete Meinung von Technik-Experten heute.

Einen Eindruck von der Arbeitsweise aus 400 Jahren Eisenzeit vermittelt das Straßenindustrie-Museum, das vom Schleifstein über Wasserrad und Amboss bis zur Säulenbohrmaschine einen interessanten Querschnitt des Spektrums der damals verwendeten Werkzeuge liefert.

Natur pur zwischen Wald, Wiesen und Wasser

Zu Recht ist Ennepetal stolz auf seine wunderschöne Umgebung, die sich durch einen hohen Freizeitwert auszeichnet. Rund zwei Drittel des 57 km² großen Stadtgebietes bestehen aus Wald, Wiesen und Feldern, durchquert von Flüssen und Bachläufen. Im Halbkreis um die Stadt ziehen sich drei Talsperren, die früher das Triebwasser und den Strom für die umliegenden Mühlen und Fabriken lieferten. Das ist lange vorbei. Heute dienen die Heilenbecker-, die Hasper- und die Ennepetalsperre fast ausschließlich als Trinkwasser-Reservoir. Und natürlich als Anziehungspunkt für Naturliebhaber, Radfahrer und Wanderer aus nah und fern.

Ein heilsamer Besuch in der Höhle

Bei der Geschichte Ennepetals darf selbstverständlich nicht die Top-Sehenswürdigkeit unerwähnt bleiben, die vor kurzem zum nationalen Naturmonument erklärt wurde: Die Kluterthöhle. Mit einer Gesamtlänge von rund sechs Kilometern gilt sie als die größte Naturhöhle in Deutschland. Darüber hinaus hat sie sich als anerkannte Heilhöhle das Prädikat verdient, mit sechs Stationen und 120 Plätzen zur Therapierung „das längste Behandlungszimmer der Welt" zu sein.

Der Ruf von der heilende Wirkung bei Asthma, Bronchitis, Heuschnupfen und allergischen Hauterkrankungen lockt tausende Patienten jährlich nach Ennepetal, die in der Kluterthöhle auf Linderung ihrer Beschwerden hoffen.

Umgeben von Wald und Wiesen, gehört die Heilenbecker Talsperre zu den beliebten Ausflugzielen in der Region.

Gevelsberg

Ein bewegtes Leben am Fluss

Nicht nur die Ennepe brachte mit ihrer Wasserkraft die Wirtschaft nach vorn und damit den Wohlstand in die Stadt. Auch Politik und Kirche mischten kräftig mit, wie ein Schnelldurchlauf durch die Geschichte der kleinen Kommune zeigt.

Bereits in der ersten urkundlichen Erwähnung aus dem Jahre 1096 überließ der Erzbischof von Köln dem Kloster von Siegburg die Hofschaft Mylinghausen, aus der später der Ort Gevelsberg hervorging. Knapp hundert Jahre später übernahmen die Erzbischöfe von Köln auch das weltliche Regiment über Gevelsberg. Mit der Ermordung des Erzbischofs Engelbert eroberte die Gemeinde anno 1225 dann auch noch einen Platz in der damaligen Kriminalstatistik.

Zur Sühne der schändlichen Tat wurde daraufhin ein Zisterzienserinnenkloster errichtet, das sich zur Keimzelle der heutigen Stadt entwickelte. In den folgenden Jahrzehnten als Spielball territorialer Gelüste verschiedener Herrscherhäuser benutzt, kam mit der Gründung der preußischen Provinz Westfalen im Jahre 1815 Gevelsberg endlich zur Ruhe.

Vorreiter in innovativer Technik

Mit der Verleihung der Stadtrechte durch Kaiser Wilhelm I am 1. Februar 1896 begann der Aufschwung in der beschaulichen Gemeinde am Fluss. Und zwar so rasant, dass andere Städte durchaus hätten neidisch werden können. Denn in Gevelsberg wurde 1889/90 nicht nur eines der ersten kommunalen Kraftwerke in Deutschland errichtet. Auch bei der Installation einer elektrischen Straßenbeleuchtung lag die Kleinstadt vorn – nur das große Berlin war schneller.

Im neunzehnten Jahrhundert begann die Blütezeit der mittelständischen Industrie, die in dieser Zeit durch die Produktion von Kleineisen sowie den Kohlebergbau vornehmlich im Stadtteil Silschede geprägt war. Vom Reichtum und wirtschaftlichen Erfolg in der Gründerzeit zeugen noch heute prächtige Fabrikantenvillen im Stadtbild.

Einst viel los auf Straße und Schiene

Aus der Hochzeit des Wirtschaftsbooms stammen auch die zahlreichen Verkehrsanbindungen an Schiene und Straße. Sie wurden benötigt, um die Fabriken mit den erforderlichen Rohstoffen zu versorgen und die fertiggestellten Produkte pünktlich zum Kunden zu bringen. Mittlerweile sind die meisten Eisenbahnlinien auf dem Abstellgleis gelandet, Bahnhöfe wurden geschlossen. Geblieben ist einzig die bergisch-märkische Strecke von Köln nach Hagen, die noch über das Stadtgebiet führt – allerdings ohne Gevelsberger Bahnhof.

Eine Stadt packt an

Doch Gevelsberger lassen sich durch die Up and Downs nicht die Stimmung verdrießen. Sie krempeln die Ärmel hoch und machen das Beste aus der Situation. Mit Erfolg. Unter anderem wurde kräftig in neue Wohngebiete investiert, die zentrale Mittelstraße zu einer beliebten Einkaufsmeile ausgebaut und ehemalige Industriebrachen wie der Ennepebogen zu einem attraktiven Freizeitpark umgebaut. Auch die abwechslungsreiche Kulturszene mit jährlicher Großkirmes, Straßenevents und Konzerten organisieren die Bürger von Gevelsberg kurzerhand selber.

Das bewegte Leben links und rechts der Ennepe wird in Gevelsberg ohne Frage in Zukunft weitergehen. Denn auch hier gilt, dass Wandel den Fortschritt bringt.

Das Gevelsberger Stadtzeichen auf der Enneper Brücke wurde 1989 von dem Künstler Janusz Hajduk-Gubalke geschaffen und symbolisiert das Spannungsverhältnis zwischen Natur und Umwelt.

Kleid

Hattingen

Das Zuhause der Eisenmänner

Viel Grün, eine Altstadt mit fast 150 Fachwerkhäusern aus dem Mittelalter, der Kemnader See mit seinen zahlreichen Möglichkeiten zum Wassersport, historische Burgen und Schlösser, der Ruhrtal-Radweg, der bis ins Sauerland führt – und doch: Hattingen war lange Zeit die Stadt des Eisen und Erzes.

Im Stadtteil Welper ist die Vergangenheit noch lebendig. Denn hier steht ‚die Hütte' ‚vor über 150 Jahren von Henrich zu Stolberg-Wernigerode gegründet. Als einer der größten Eisenverhüttungsbetriebe und Stahlproduzenten entwickelte sich die Henrichshütte rasch zum Hauptarbeitgeber in Hattingen. Bis zu 10.000 Menschen fanden hier Beschäftigung, Lohn und Brot. Im Gegenzug leistete das Unternehmen einen beachtlichen Beitrag zu der Stadtentwicklung im neunzehnten Jahrhundert. So entstanden etliche Arbeitersiedlungen, die den Familien eine zeitgemäße Unterkunft boten.

Es hätte immer so weitergehen können. Doch es kam anders. Der unaufhaltsame Niedergang von Zechen und Schwerindustrie im Ruhrgebiet traf auch die Henrichshütte mitten ins produktive Herz. 1987 wurde der letzte Hochofen der Anlage stillgelegt, viele Gebäude fielen der Abrissbirne zum Opfer. Trotzdem lebt der Geist einer großen Vergangenheit auf dem verbliebenen Areal weiter, das heute einen Teil des Westfälischen Industriemuseums beheimatet.

Auf den Spuren der Industriegeschichte

Vor allem im 19. bis hinein ins 20 Jahrhundert spielte der Kohleabbau in Hattingen eine bedeutende Rolle. Etwas früher, anno 1787, wurde der Rauendahler Schienenweg in Betrieb genommen, die weltweit erste Bahn, die ausschließlich für den Transport von Kohle gebaut worden war.

Interessante Einblicke in die damalige Textilwirtschaft bietet dazu das Bandwebereimuseum Elfringhausen. Hier wird die Entwicklung der handwerklichen Technik vom alten Schaftenwebstuhl bis hin zur computergesteuerten Jacquardwebanlage eindrucksvoll an laufenden Maschinen dokumentiert. Und wer wissen möchte, wie die Tuchmacher von 1771 bis 1850 in Hattingen lebten und arbeiteten, sollte unbedingt das historische Bügeleisenhaus mit seiner geschnitzten Fassade in die Sightseeing-Tour einplanen.

Die Menschen aus Eisen kommen wieder

Noch einmal zurück zu den drei Eisenmännern an der Stadtmauer. Mit diesen 2,40 m hohen und 600 kg schweren Plastiken des polnischen Künstler Zbigniew Fraczkiewicz aus dem Jahre 1996 soll an den Kampf um den Erhalt des Stahlstandortes Hattingen erinnert werden. Nun plant der Kunstverein, weitere acht Eisenmänner nach Hattingen zu holen.

Einst einer der größten Eisenverhüttungsbetriebe in der Region, beherbergt die Henrichshütte in Hattingen heute Teile des Westfälischen Industriemuseums.

Herdecke

Beliebter Marktplatz mit Seeblick

Makler geraten beim Stichwort Herdecke ins Schwärmen: Die Lage, die Lage, die Lage. In der Tat. Einen schöner gelegenen Standort zum Leben, Wohnen und Arbeiten muss man lange suchen. Das um die 23.000 Einwohner starke Städtchen, das 1355 von Graf Engelbert III. von der Mark die Marktrechte verliehen bekam, 1615 zur Freiheit erhoben wurde und schließlich 1739 die Stadtrechte erhielt, gehört zweifellos zu den Juwelen im Ennepe-Ruhr-Kreis. Nicht von ungefähr haben hier etliche Einkommensmillionäre ihr Domizil aufgeschlagen; im Jahre 2014 zählte die Statistik 17 Personen mit einem Jahreseinkommen von mehr als einer Million Euro.

Malerisch zwischen Hengstey- und Harkotsee in die Landschaft gebettet, umgeben von den waldreichen Ardeyhöhen, gehört Herdecke zu den angesagten Ausflugszielen in der Region. Ob eine Fahrt mit einem der weißen Motorschiffe über die Stauseen, ob eine Wanderung oder eine Radtour über den kilometerlangen Ruhruferweg – hier können erholungssuchende Menschen entspannt bis sportlich ihre Freizeit verbringen.

Eine Brücke will hoch hinaus

Ein Hingucker außergewöhnlicher Art ist natürlich der 30 Meter hohe Ruhr-Viadukt, der das Tal majestätisch überspannt. Die imposante Eisenbrücke, die Herdecke mit Hagen verbindet und am 15. Mai 1879 eingeweiht wurde, steht für eine meisterhafte Ingenieurleistung der beauftragten Konstrukteure. Mit einer Länge von 313 Metern und zwölf Halbbögen von jeweils 20 Metern Spannweite zählt der Viadukt zu den anspruchsvollsten, aber auch kostspieligsten Trassenführungen der Rheinischen Eisenbahn. Allein für das Mauerwerk wurden 24.400 Kubikmeter Bruchsteine verbaut. Von den Beschädigungen aus dem Zweiten Weltkrieg ist heute glücklicherweise nichts mehr zu sehen. So fahren die Züge der Volmetal-Bahn heute noch genau wie in früheren Zeiten fahrplanmäßig über diese Strecke in schwindelerregender Höhe.

Wer einen Blick für historische Architektur besitzt, wird zudem von der romantischen Altstadt begeistert sein. Im sogenannten Bachviertel bilden Fachwerkensembles und Bruchsteinhäuser ein harmonisches Miteinander, das Erinnerungen an mittelalterliche Zeiten weckt.

Zum Einkaufen ins Städtchen

Bedingt durch die verkehrstechnisch günstige Lage am Schnittpunkt der großen Handelswege in die weiter entfernten Ballungszentren an Rhein, Weser und Sieg entstand in Herdecke bereits früh ein prosperierender Marktplatz. Unter anderem der bekannte Herdecker Kornmarkt. Aber die Herdecker trugen selbstverständlich noch wesentlich mehr Produkte aus heimischer Herstellung zu Markte. Dazu ein Zitat aus Meyers Konversations-Lexikon aus dem Jahre 1888: „Herdecke, Stadt im preußischen Regierungsbezirk Arnsberg, hat .....Fabriken für Tuch, Tabak, Leder, Papier und Eisenwaren, Färberei, Bierbrauerei und (1885) 4124 meist evangelische Einwohner".

Mit Erfolg hat Herdecke im Laufe von zweihundert Jahren die Wende von einer bäuerlichen Marktgemeinde zu einer florierenden Kleinstadt geschafft. Damit stehen die Zeichen gut für eine weiterhin erfreuliche Zukunft.

Top-Lage. Herdecke punktet mit einer Landschaft zum Verlieben.

Gesundbrunnen Schwelm

Schwelm

Die Kleine mit dem großen Auftritt

Größe hat nicht unbedingt etwas mit Bedeutung und Wirkung zu tun. Dafür liefert Schwelm ein überzeugendes Beispiel. Mit einer Fläche von mal eben 20,49 km^2 ist das Städtchen zwar die kleinste politische Gemeinde in Nordrhein-Westfalen, aber immerhin der Verwaltungssitz des Kreises Ennepe-Ruhr. Auch sonst kann sich die selbstbewusste Kommune sehen lassen. Denn sie hat in ihrer über 500-jährigen Geschichte viel geleistet, auf das sie zu Recht stolz sein kann.

Nebenbei: Bei der Verleihung des Stadtrechts anno 1496 waren die Größenverhältnisse noch ganz andere als heute. Schwelm bestand damals aus etwa 50 Häusern und zählte bis zu 400 Einwohner. Damit konnte sich die Ortschaft rühmen, die größte Siedlung in der Umgebung zu sein. Mehr noch: Da sich auf dem Stadtgebiet neben der Kirche und einer Schule auch noch ein Markt befand, wurde Schwelm unangefochten zum geistlichen und wirtschaftlichen Mittelpunkt der Region.

Immer Herr der Lage

In der Folge der Jahrhunderte verstand es die Stadtpolitik in Schwelm, sich flexibel den wechselnden Herausforderungen anzupassen. Katastrophen wie die Plünderungen und Brandschatzungen im Dreißigjährigen Krieg, wie den wiederholten Ausbruch der Pest oder wie die verheerenden Brände in den Jahren 1722 und 1827, denen hunderte Wohnhäuser und öffentliche Gebäude zum Opfer fielen – die Schwelmer Bürger ließen sich nicht unterkriegen und meisterten ihr Schicksal mit Kreativität und außerordentlich kommerziellem Geschick.

Gesundbrunnen, Gondelteich und jede Menge Kohle

In der Mitte des 18. Jahrhunderts etwa hatte sich Schwelm landesweit dank einer Heilquelle einen ausgezeichneten Ruf als Kur- und Badeort erworben. Wie die Chronik berichtet, notierte der damalige Arzt Kaspar Frowein, dass 1706 innerhalb von nur zwei Monaten 60 bis 70.000 Menschen den Schwelmer Gesundbrunnen aufgesucht hätten. Den anhaltenden Touristenstrom nutzten die cleveren Kommunalpolitiker, um den Standort zu einem attraktiven Ausflugsziel auszubauen. Beispielsweise konnten sich die Besucher um 1900 auf dem Gondelteich des Lokals Schnupftabaksmühle fast schon wie in Klein-Venedig fühlen.

Doch die Vermarktung des heilkräftigen Wassers, kombiniert mit einem erfolgreichen Tourismus-Marketing, sorgte nicht allein für den weiteren wirtschaftlichen Aufschwung der Stadt an der Schwelme. Ein wichtiges Standbein der ansässigen Wirtschaft war über Jahrhunderte die Förderung von Steinkohle, Schwefelkies und Eisenstein. Und schließlich erhielt das Wachstum der Stadt dank der vermehrten Ansiedlung von Bandwirkereien und metallverarbeitenden Betrieben am Anfang des 20. Jahrhunderts einen zusätzlichen gehörigen Anschub.

Industrielle von Rang und Namen

Namhafte Unternehmer aus unterschiedlichen Branchen haben seither die lokale Wirtschaft nachhaltig nach vorn gebracht. Unter anderem Peter Adolph Rudolph Ibach, in dessen Werk noch bis 2007 Klaviere gebaut wurden. Oder der Gastwirt Johannes Klein, der 1820 eine Privatbrauerei gründete, die für ihren schmackhaften Gerstensaft in den typischen Bügelflaschen bekannt war – aber leider 2011 Insolvenz anmelden musste. Auch Carl Levering, der 1808 eine Kornbrennerei in Schwelm in Betrieb nahm und mit dem Kräuterlikör Ossenkämper eine beliebte Spezialität kreierte, gehörte zu den unternehmerischen Schwergewichten der Epoche.

Zeit nehmen sollten sich Besucher der Stadt auf jeden Fall für die zahlreichen Sehenswürdigkeiten. Angefangen vom mittelalterlichen Fronhof bis zum historischen Wasserschloss Haus Martfeld.

Sprockhövel

Der Wacholderhügel im Revier

Sprachforscher finden sich bestätigt. Das alte Stadtwappen von Sprockhövel, das im Jahr 1000 mit dem Namen Spurkinhuvelo erstmals urkundlich erwähnt wurde, zeigt drei Wacholdersträucher auf drei Hügeln über einem Stollenmundloch – vom Amt Haßlinghausen stammt der Haselzweig als Zugabe. Allerdings machten weniger botanische Zeugnisse die Stadt an der Grenze zum Bergischen Land bekannt, sonders etwas ganz anderes:

Am Ursprung der Kohleförderung

Sprockhövel gilt als Wiege des Bergbaus. Aus gutem Grund. Denn hier erstreckten sich die ältesten Steinkohle-Flöze des Karbons so dicht unter der Erdoberfläche, dass sich das wertvolle Material bequem im Tagebau fördern ließ. Als man 1850 mit dem Kohleneisenstein einen weiteren Rohstoff entdeckte, verhalf der Fund den Zechen zu einem kurzfristigen Aufschwung. Denn die Konkurrenz der großen Zechen nördlich der Ruhr machte den hiesigen Bergleuten zunehmend das Leben schwer.

So half es auch nicht wirklich, als nach dem Zweiten Weltkrieg die Nachfrage nach Sprockhöveler Kohle aufgrund der deutschlandweiten Energieknappheit anstieg. Das langsame Sterben der Kohlegruben ließ sich nicht aufhalten. Als 1968 die Zeche „Alte Hase" die Förderung einstellte, ging eine lange Bergbautradition in Sprockhövel und Umgebung zu Ende. Auf mehreren bergbauhistorischen Wanderrouten wie dem Herzkämper-Mulde-Weg können interessierte Besucher die Spur der Kohle auch heute noch verfolgen.

Der schwere Weg zum Strukturwandel

Nicht nur die Kumpel waren von dem Verlust ihrer Arbeitsplätze betroffen. Auch Zuliefer-Unternehmen, die sich auf die Herstellung von Maschinen und Geräten für den Einsatz im Bergwerk spezialisiert hatten, mussten mit Absatzproblemen auf den inländischen wie ausländischen Märkten kämpfen.

Heute kommt der Wirtschaftststandort international groß in Mode. Wenn es zum Beispiel um Etiketten für Textilien aller Art geht, ist das Label Made in Sprockhövel erste Wahl. Jedoch ist der erforderliche Strukturwandel in der ehemaligen Bergbau-Stadt noch längst nicht abgeschlossen.

Ein El Dorado für den lokalen Sport

Sportlich betrachtet, hat Sprockhövel übrigens einiges zu bieten. Fans wissen warum. Mit rund 3000 Mitgliedern ist die TSG 1881 Sprockhövel der größte Sportverein im Kreisgebiet. Mit einem eigenen Stadion, in dem bis zu 3.500 Zuschauer Platz finden. In der fast 140-jährigen Geschichte haben die Aktiven viel erreicht. Denn nicht nur im Fußball kann der Oberligist beachtliche Erfolge vorweisen. Heute bietet die TSG in ihrem Programm 19 Sportarten an. Das Spektrum reicht von Badminton über Schwimmen und Leichtathletik bis zum Tanzsport.

Relikt aus einer glanzvollen Zeit. Das Speicherbackhaus von 1501 erinnert an die prächtige Hofanlage „Großer Siepen" in Sprockhövel.

Wetter

Hommage an einen wichtigen Mann

Ein See, ein Berg, ein Wanderweg, ein Turm. Sie alle tragen den Namen Harkort. Wer war dieser Mann, der Wetter so entscheidend gefördert und mit gestaltet hat? Friedrich Wilhelm Harkort (1793 bis 1880) war ein Fabrikant und Politiker in der Zeit der industriellen Revolution,. Der „Vater des Ruhrgebiets" hat mit seinem Wirken auf unternehmerischem wie auf sozialem Gebiet Richtungsweisendes geleistet und auf so den Fortschritt auf den Weg gebracht.

Technisch innovativ und sozial engagiert

Vor allem hat Friedrich Hartkort durch seine Innovationen im Maschinenbau am Standort Wetter die Kohleförderung im Tiefbau erst möglich gemacht. Als engagierter Abgeordneter des Reichstags in Berlin galt sein Einsatz der Verbesserung der Lebens- und Arbeitsumstände seiner Beschäftigten. Das Verbot von Kinderarbeit, die Einrichtung von Krankenkassen für Arbeiter, Schulbildung für alle sowie der Aufbau von Berufsgenossenschaften waren die Themen, mit denen sich der umtriebige Mann vorrangig befasste.

Friedrich Hartkort hat in Wetter bleibende Zeichen gesetzt, die bis in diese Tage von der engen Verbindung der Stadt mit dieser herausragenden Persönlichkeit zeugen. Die letzte Ruhestätte befindet sich auf dem Ardeygebirge im Buchenwald des Gutes Schede in Herdecke.

Das erste Kochbuch für die deutsche Hausfrau

Eine weitere Persönlichkeit mit völlig anderen Ambitionen begegnet man im Henriette-Davidis-Museum. Hier ist das Leben und Werk der berühmten Kochbuchautorin ausgestellt, die mit ihrem Satz „Man nehme …" tausende Hausfrauen zum Nachkochen ihrer gesammelten Rezepte anregte.

Ein volles Freizeit-Programm und mehr

Für die rund 27.000 Wetteraner und die vielen Gäste der Stadt zählt jedoch vor allem der große Freizeitwert, den der Ort im schönen Tal der Ruhr bietet. Etwa zwei Drittel des Stadtgebiets dienen der Erholung. Immer am Wasser entlang oder querfeldein durch Wiesen und Wälder.

Nach einer Wanderung lädt das umfangreiche Kulturprogramm der Stadt ein, den Aufenthalt noch ein wenig auszudehnen. Beispielsweise, um am sommerlichen Parkfestival teilzunehmen, klassische Musik im Treppenhaus einer alten Villa zu hören oder zwei Tage lang beim großen Seefest mit dabei zu sein. Sportlich ambitionierte Besucher kommen natürlich auch auf ihre Kosten. Jedes Jahr lockt das Ruhrbike-Festival begeisterte Zweirad-Fans an den Hartkortberg, um dort 200 Meter über der Ruhr rasante Action live mitzuerleben.

Beschaulicher geht es bei der Besichtigung der Ruinen der Burgen Wetter und Volmarstein zu, die einen atemberaubenden Fernblick garantieren. Wer sich sowieso schon vor Ort aufhält, sollte auch das Dampfmaschinenschwungrad im Ortsteil Alt-Wetter in Augenschein nehmen – ein Industriedenkmal von besonderer Güte.

Der Harkortturm zählt zu den Monumenten, mit denen die Stadt Wetter ihrem bedeutenden Förderer ein ehrendes Denkmal gesetzt hat.

Witten

Die Ausnahme von der Regel

Während die übrigen Städte im Kreis mit dem Kennzeichen EN ihre Zugehörigkeit zur Heimat beweisen, setzt Witten auf die eigene Identität. Das erklärt, weshalb seit 2012 viele Wittener Autos mit dem WIT-Schild unterwegs sind.

Enden damit die Besonderheiten der größten Stadt im Ennepe-Ruhr-Kreis? Mitnichten. Die Liste der Extras ist lang.

Vielfach ganz besonders

Unter anderem befinden sich vier Naturschutzgebiete auf dem Gelände der Stadt. 1982 wurde in Witten die erste private deutsche Universität gegründet. Auf der ehemaligen Zeche Theresia wartet eine umfangreiche Sammlung historischer Grubenbahnen. Von dort aus können Besucher über ein vorhandenes Gleisnetz mit einer Original-Feldbahn bis zur Zeche Nachtigall zu fahren, wo die älteste Dampfmaschine des Reviers ihren Standort hat.

Kunstinteressierte werden im Garten von Schloss Steinhausen Deutschlands größte Ausstellung von Shona-Skulpturen aus Simbabwe finden und in der Gartenstadt Crengeldanz, nahe der ehemaligen Wasserburg gleichen Namens, lädt eine Arbeitersiedlung im Bergischen Baustil aus dem Jahre 1913 zu einem architektonisch aufschlussreichen Spaziergang ein.

Turmhohe Marken im Stadtbild

Zu den Wahrzeichen der Stadt gehören auch die zahlreichen Kirchen aus vergangener Zeit, darunter die Johanniskirche von 1752, deren markante Türme einen weithin sichtbaren Blickfang bilden. Auch der Helenenturm, den Justizrat Eduard Strohn 1858 zum Gedenken an seine verstorbene Ehefrau errichten ließ, besitzt Leuchtturmwirkung. Genauso wie die dominante Spitze des Wittener Rathauses, das 1926 erbaut wurde.

Keine Spur vom Kohlenpott

Wer heute die Großstadt inmitten der grünen Hügel an der Ruhr durchstreift, mag kaum glauben, sich im berühmt-berüchtigten Kohlenpott zu befinden. Denn wo früher in über 60 Zechen das schwarze Gold aus der Erde gefördert und per Schiff weiter transportiert wurde, erinnert nichts mehr an die vergangen 450 Jahre Ruhrbergbau. Am Ufer der Ruhr versuchen heute Angler ihr Glück, während Ausflugsboote ihre Passagiere gemütlich über den Fluss schippern.

Natürlich besitzt ein Zentrum vom Rang Wittens auch heute noch eine hohe wirtschaftliche Relevanz als Industriestandort im Kreisgebiet. Nach wie vor sind der Maschinenbau, der Automotive Bereich sowie die Stahl verarbeitende Industrie wichtige Säulen der lokalen Wirtschaft. Unterstützung kommt aus dem Forschungs- und Entwicklungszentrum der Uni Witten/Herdecke, das mit neuen Ideen und Impulsen die heimischen Unternehmen auf innovativen Kurs bringt.

Alles ganz sportlich

Nach Feierabend steht in Witten eine Vielzahl von Möglichkeiten zur Verfügung, um sich nach getaner Arbeit oder am Wochenende sportlich zu betätigen. 94 Sportvereine offerieren zu diesem Zweck ein Programm, das seinesgleichen sucht. Allen voran liegt der Wassersport ganz oben auf der Rangliste der Beliebtheit, aber auch in den Disziplinen Triathlon, Ringen und Segeln setzt die Stadt Maßstäbe. Sogar passionierte Flugdrachenflieger finden aufgrund hervorragender Windverhältnisse auf dem Gelände am Kemnader Stausee ideale Bedingungen für ihr Hobby.

Wer Witten besucht, sollte unbedingt Schloss Steinhausen mit seinem markanten Rundturm auf die Sightseeing-Liste setzen.

Bei der Arbeit

Alle Hände voll zu tun

Der Erfolg ist mit den Tüchtigen. Diese Erkenntnis hat das Land zwischen Ennepe und Ruhr bereits in früher Zeit sehr weit voran gebracht. Dabei spielten die Flüsse, Bäche und Seen in der wasserreichen Region stets eine entscheidende Rolle, um den Menschen Arbeit und Wohlstand zu verschaffen.

Das Wasser war ein Motor für die wirtschaftliche Entwicklung von Industrie und Handwerk. Ohne die treibende Kraft des Wassers hätten die Hämmer in den Schmieden aufgehört zu schlagen und die Räder der Mühlen wären zum Stillstand gekommen.

Doch Arbeit gab es auch sonst genug. Vor allem im Bergbau wurde ganzer Einsatz verlangt, um die üppigen Vorkommen von Kohle und Erz zu Tage zu fördern. Wer dort kein Auskommen fand, konnte sich in der Landwirtschaft verdingen. Denn auf den vielen Bauernhöfen im Revier waren fleißige Hände immer willkommen.

Ein Schnäpsken zum Feierabend

Fleiß bestimmte auch den Arbeitstakt in den zahlreichen Webereien und Bandwirkereien, die nach dem Zweiten Weltkrieg noch einmal eine außerordentliche Boom-Phase erlebten. Und schließlich darf eine weitere Spezialität, für die das Westfälische zu Recht berühmt ist, in dieser Kurzbeschreibung nicht fehlen: Wohlschmeckende Spirituosen, die in den regionalen Brennereien und Destillerien nach streng gehüteten Rezepten hergestellt werden. Ein Handwerk, das im Revier ebenfalls eine jahrhundertealte Tradition besitzt.

Die Kamera lässt die Vergangenheit einer großen Industriekultur lebendig werden. Mit Bildern und Geschichten von Menschen, die ihr Handwerk verstehen. Und von Plätzen, die von harter Arbeit erzählen.

Mit Dampf kommt Schwung ins Rad.
So bringt die innovative Technik die Arbeit voran.

Der fleißige Fluss

Über 42,114 km schlängelt sich die Ennepe von ihrer Quelle im Naturschutzgebiet Halver bis nach Breckerfeld, wo sie zur Talsperre gestaut wird, und weiter über Ennepetal, Gevelsberg und Haspe, bis sie im Hagener Stadtteil Eckesey in die Volme mündet.

Die Ennepe war immer schon ein fleißiger Fluss, der mit seiner Wasserkraft die Antriebsenergie für Handwerk und Gewerbe lieferte. Schon vor der Industrialisierung siedelten sich an seinen Ufern etliche Mühlen, Hammerwerke und Sensenschmieden an, die den Grundstock für das Werden und Wachsen der märkischen Kleineisen-Industrie des 19. und 20. Jahrhunderts bildeten.

Die Straße der Arbeit

Zum Zentrum des frühen Eisengewerbes in der Region entwickelte sich schon bald die historische Enneperstraße, ursprünglich eine Heerstraße zwischen Gevelsberg und Hagen, die elf Kilometer durch das Ennepetal führte.

In den dicht gedrängten Produktionsstätten der damaligen Grafschaft Mark wurde Stahl im Wert von einer Million Talern hergestellt. Der größte Teil stammte aus dem Quartier Enneperstraße. Zu den wichtigsten Hauptprodukten dieser Zeit gehörten Sensen und Strohmesser. Wie alte Statistiken melden, wurden beispielsweise anno 1804 an 76 Feuern in 24 Hammerwerken von 210 Arbeitern 6750 Dutzend Sensen im Wert von 56.893 Reichstalern gefertigt

Hier pulsiert das Leben

Vier Jahre später gab der Kriegsrat und Fabrikenkommissar Alexander Eversmann zufrieden zu Protokoll: „ Seit Einführung der Sensenfabrique hat die Gegend der Enneper Straße ein großes Capital gewonnen, wogegen sie vorher verarmt war. Der Wohlstand der Fabriquanten ist sehr gestiegen. Die Schmiede hat ihr gutes Auskommen."

Und Justus von Gruner beschrieb die Enneper Straße „wie eine einzige gewerbetreibende Stadt. Die Heerstraße ist zu beiden Seiten mit Fabrikhäusern und Arbeiterwohnungen allerlei Art garniert – ein beständiges lebensvolles Getreibe von Mühlen, Hämmern und Spindeln. Überall tätige Menschen, überall rege Hände und zufriedener Fleiß, lange Karawanen von schwer beladenen Frachtwagen."

Energie, die aus dem Wasser kommt.

Im Laufe der Zeit hatten sich an und um die Ennerperstraße so zahlreiche Wasserkraftwerke niedergelassen, dass bereits zu Beginn des 19 Jahrhunderts der Bau von neuen Anlagen kaum mehr möglich war. Um in den heißen Sommermonaten einem Wassermangel vorzubeugen, wurden Wehre und Sammelbecken angelegt. Allerdings zum Nachteil der Betriebe flussabwärts, denen aufgrund der baulichen Veränderungen oftmals nicht genügend Wasser für die Energiegewinnung zur Verfügung stand.

Im Übrigen galt ein für die Zeit überaus liberales Wassernutzungsrecht, das von den Anliegern gern und oft in Anspruch genommen wurde.

Auch wenn die Hochzeit der Metallverarbeitung vorbei ist, gebührt der fleißigen Ennepe nach wie vor großer Dank. Hat sie doch der Stadt und ihren Bürgern zu Besitztum, Arbeit und wirtschaftlichem Erfolg verholfen.

Erfolgreich am Wasser gebaut. Die Ennepe lieferte Handwerk und Gewerbe die Energie, um zu werden und zu wachsen.

Mundloch mit Schienenspur im Muttental

Schwarzes Gold in der Erde

Im 18. Jahrhundert herrschte Goldgräberstimmung im Revier. Jahrzehntelang hatte die Steinkohle, rauchig und rußig, wie sie war, als Brennmaterial keinen guten Ruf. Doch nun kam es zur Trendwende. Aus dem einst geschmähten Schwarzen Gold wurde ein begehrter Rohstoff, der in rauen Mengen bei der Eisenverhüttung, aber auch beim Schmieden Verwendung fand.

Jetzt betrieben nicht mehr wie bislang Bauern und Kätner das Kohle-Sammeln als Nebenerwerb; die Förderung erfolgte stattdessen professionell im großen Stil. Dabei profitierten unsere Altvorderen von einem Ereignis in der Erdgeschichte. Plattenverschiebungen vor Millionen Jahren hatten die Kohleflöze im Ennepe-Ruhr-Kreis nämlich so weit an die Erdoberfläche gedrückt, dass der Abbau bequem über Tage stattfinden konnte. Zu diesem Zweck wurden zunächst sogenannte Pinge in den Boden gegraben; keilförmige Löcher, die in geringer Tiefe das Schürfen nach Kohle ermöglichten.

Es geht weiter bergab

Mit zunehmender Industrialisierung wurden auch die Abbau-Methoden effizienter. Weg von der Pinge und hin zum Stollen, lautete nun die Devise. Zahlreiche Stollenmundlöcher in den ehemaligen Lagerstätten geben heute noch Zeugnis von dieser bergmännischen Fördertechnik aus alter Zeit.

Parallel zu den steigenden Fördermengen entwickelte sich der Kohletransport zu einem der wichtigsten Wirtschaftszweige in der Region. Da Schwelm genau zwischen den Abbaugebieten im Norden und den bergisch-märkischen Märkten im Süden lag, war die Stadt um 1800 ein beliebtes Domizil der Kohlentreiber.

Doch auch die reichsten Vorkommen gehen einmal zur Neige. Um neue kohlehaltige Schichten zu erschließen, mussten die Kumpel von damals tiefer unter die Erde. Erst wurden waagerechte Tunnel in den Berg getrieben, später kamen in tieferen Lagen Erbstollen hinzu, in denen sich das Grubenwasser sammeln und zum niedrigsten Punkt am Boden abfließen konnte.

Mit neuen Pumpen ans Werk

Es lag in der Natur der Sache, dass diese Art der Kohlegewinnung früher oder später an ihre Grenzen stieß. Ein „Weiter so, nur eben tiefer“ war jedoch nicht sofort zu realisieren. Zunächst mussten sich Ingenieure die klugen Köpfe zerbrechen, um den Vortrieb in Kohlelagen unterhalb des Ruhrwasserspiegels zu ermöglichen. Die Erfindung geeigneter Entwässerungsverfahren brachte dann die Lösung des Problems. Als die ersten, von Dampfmaschinen angetriebenen Pumpen auf den Markt kamen, hatte der Fortschritt unter Tage freie Bahn. Nun waren die Zechen in der Lage, die Kohle unterirdisch auf übereinander liegenden Sohlen nach dem Stockwerk-Prinzip abzubauen.

Einer der ersten Tiefbauschächte des Reviers aus dem Jahr 1832 trug den Namen Hercules. Eine durchaus passende Bezeichnung, denn die Bergleute im 19. Jahrhundert mussten unter Tage Schwerstarbeit leisten.

Ein Kamin bringt frische Luft

Nicht nur das Abpumpen des Grubenwassers musste gelöst werden, auch die Zufuhr frischer Luft stellte ein Problem dar. In den Anfängen des Unter-Tage-Baus übernahmen diese Aufgabe Wetterschornsteine, die auf den Wetterschächten installiert waren. Dabei wurde die Luft im Kamin durch ein Feuer erhitzt, so dass sie nach oben steigen konnte.

Alte Haase am Ende

Als eine der letzten Anlagen im Revier stellte die „Alte Haase“ in Sprockhövel 1969 die Kohlförderung ein. Damit war in einem der größte Bergwerke Deutschland endgültig Schichtende. An die glorreichen, gewinnbringenden Zeiten des Steinkohle-Bergbaus in der Region erinnert heute noch der Malakowturm, ein Wahrzeichen dieser berühmten Zeche.

Viel Holz zum Verhütten

Auf einer Zeitreise in die waldreiche Höhenlandschaft des 12. Jahrhunderts würde dem Besucher der Region um das heutige Breckerfeld eine rege Geschäftigkeit auffallen. Männer mit Schaufeln und Hacken waren damals häufig unterwegs, um den begehrten Raseneisenstein aus dem Boden zu holen. Ein Rohstoff, der schon bald zum bedeutendsten Handelsgut der Gemeinde werden sollte.

Das Wichtigste zum Raseneisenstein

An dieser Stelle sei ein mineralogischer Exkurs erlaubt. Mit Raseneisenstein wird ein meist rundlich geformtes Sediment bezeichnet, das sich durch einen besonders hohen Eisengehalt auszeichnet und daher verhüttet werden kann. Der etwas merkwürdige Name erklärt sich aus der Tatsache, dass die Ablagerungen bei Grundwasser-Böden nah unter der Grasnarbe zu finden sind. Interessant zu wissen: Raseneisenstein diente nicht nur als Ausgangsmaterial für die Erzgewinnung, sondern wurde auch als harter, wärmedämmender Baustoff verwendet. Bereits die Wikinger schätzten die vorteilhaften Eigenschaften und setzten den gut zu bearbeitenden Raseneisenstein für den Bau von Mauern, Fundamenten und Gebäuden ein.

Tüchtig Feuer unterm Ofen

Hatten die Breckerfelder Bauern damals genügend Raseneisenstein in ihren Kiepen gesammelt, machten sie sich auf den Weg zu einer der zahlreichen Waldschmieden. Hier wurde das Gestein in Rennöfen verhüttet; der Stahl anschließend in Holzfässern nach Köln oder anderen Absatzmärkten transportiert. Doch kein Ofen ohne Brennstoff. Auch hier wussten sich die Altvorderen zu helfen, denn die Lösung lag so nah.

In den umliegenden Wäldern gab es genügend Vorrat, um daraus Holzkohle herzustellen. Somit gelang es, erstmals die Temperaturen zu erreichen, die das Schmelzen von Eisenerz zu Eisen möglich machten. Anfang des 19. Jahrhunderts beschrieb Georg Ludwig Hartig, Verfasser des Standardwerks „Lehrbuch für Förster und die es werden wollen", die Bedeutung der Holzkohle so: „Unter allen technologischen Beschäftigungen, die im Walde vorfallen, ist die Kohlenbrennerey by weytem die wichtigste." Allein im damaligen Fürstentum Siegen wurden jährlich 35.0000 Klafter Holz zu Kohle gebrannt, um mit ihr „alle Hütten und Hämmer in lebhaftem Gang zu erhalten", wusste der Chronist zu berichtete.

Dem Köhler über die Schulter geschaut

Um sich die Arbeit des Köhlers zu vergegenwärtigen, folgt ein Schnellkurs über das Brennen von Holzkohle. Im ersten Schritt wird an geeigneter, windgeschützter Stelle die Kohlgrube ausgehoben und mittendrin aus Stangen ein Schacht mit einem Durchmesser von ca. 30 cm angelegt. Um diesen Schacht herum schichtet der Köhler das benötigte Kohlholz auf und bedeckt es anschließend mit Laub, dem so genannten Rauhdach. Nachdem der Meiler mit Erde abgedichtet wurde, geht es weiter mit dem Einfüllen von glühender Holzkohle. Das Holz im Meiler entzündet sich und wird durch die Luftzufuhr in den Löchern der Erdabdeckung reguliert. Sobald sich der aufsteigende Rauch aus dem Meiler himmelblau färbt, löscht der Köhler das Feuer. Nun dauerte es noch einige Tage, bis die Holzkohle so weit abgekühlt ist, dass man sie entnehmen kann. Während des gesamten Vorgangs lebt der Köhler heute wie damals etwa drei Wochen lang vor Ort am Platz, um den Meiler Tag und Nacht unter Kontrolle zu haben.

Noch heute weisen etliche Schlackehügel auf die historischen Plätze hin, wo über viele hundert Jahre in den Kohlemeilern in und um Breckerfeld wertvolles Erz gewonnen wurde.

Nur mit Hilfe der Holzkohle konnten damals die hohen Temperaturen erzeugt werden, die zum Schmelzen des Eisenerzes erforderlich waren.

Heißes Eisen

Nicht nur in der antiken Götterwelt hatte Hephaistos, der Schmied, eine Sonderstellung unter den Kollegen im Olymp inne. Auch in der Literatur gelangten die Männer mit dem Hammer zur Berühmtheit. Angefangen von Wieland bis zum Schmied von Jüterborg. Mit Eligius hat die Schmiedezunft sogar einen eigenen Schutzpatron.

Lässt man das Mystische aus Legenden und Märchen einmal beiseite, so galt der Schmied in der Gegend zwischen Ennepe und Ruhr als der Handwerker, ohne den die Werkzeugherstellung in der Region überhaupt nicht möglich gewesen wäre. Schmiedeerzeugnisse, die in den Hammerwerken entlang der Enneperstraße gefertigt wurden, waren aufgrund ihrer Qualität, ihrer Präzision und Haltbarkeit weltweit bekannt und gefragt.

Gefragte Qualität aus der Manufaktur

In der Blüte des 19. Jahrhunderts spezialisierten sich zahlreiche kleine Betriebe auf die Manufakturfertigung. Dort gab es für jeden Arbeitsgang einen eigenen Handwerksberuf mit Meister und Gesellen. Auf diese Weise konnte das gesamte technische Spektrum der damaligen Metallbearbeitung perfekt abgedeckt werden.

Trotz seiner Verdienste um den wirtschaftlichen Erfolg erwies sich das Schmiedehandwerk im Zuge der stetigen Automatisierung im industriellen Fertigungsprozess als nicht überlebensfähig. Wie so viele andere Berufe in der Metallbearbeitung auch.

Brannten beispielsweise in Ennepetal im 19. Jahrhundert bis zu 48 Schmiedefeuer, so ist heute nur noch die letzte produzierende Freiformschmiede im historischen Krenzer Hammer vor Ort im Einsatz. Hier werden auf Anlagen, die teilweise über 100 Jahr alt sind, Spezialwerkzeuge wie Brechstangen, Sensen, Äxte, Hämmer oder Pfahleisen gefertigt.

Ein Handwerk macht es sich leichter

In den Jahren seiner traditionsreichen Geschichte hat das Schmieden eine beachtliche Entwicklung vollzogen. Blickt man rund 1000 Jahre zurück, musste ein Schmied noch mit reiner Muskelkraft den Hammer auf das rotglühende Metall niederschwingen. Da bedeutete es einen enormen Fortschritt, als ein Tüftler auf die Idee kam, den Hammerstiel an der Decke zu befestigen. Mit der Folge, dass nunmehr wesentlich weniger Kraft erforderlich war, um das Werkzeug in Bewegung zu bringen.

Noch komfortabler wurde die Handhabung, als das Wasserrad den Antrieb übernahm und den Hammer gleichmäßig auf und ab bewegte. Der Schwanzhammer von damals wurde dann durch einen innovativen Lufthammer abgelöst. Eine richtungsweisende Erfindung aus dem beginnenden 20. Jahrhundert, die in der Regel zum handwerklichen und industriellen Freiformschmieden verwendet wird.

Dabei hebt und senkt sich der als Bär bezeichnete Arbeitskolben mit Hilfe von Luftdruck. Schlagkraft und Geschwindigkeit regulierte der Schmied in früheren Tagen mit dem Handhebel oder auch mit dem Pedal. Mittlerweile werden die modernen stationären Maschinenhämmer meist über Elektromotoren angetrieben.

Der Letzte seines Standes. In der Anlage Mühlenhämmer ging bis zu ihrer Stilllegung ein Hammerschmied seinem alten Handwerk nach.

Am Schmelzpunkt

Eine Temperatur von 1150° C muss es schon sein, die das Gusseisen zum Schmelzen bringt. Bei der Fertigung von Kleineisenteilen, die bis ins 20. Jahrhundert hinein traditionell zu den profitabelsten Produktionsbereichen im Ennepe-Ruhr-Kreis gehörte, war das Gießen ein unverzichtbares Verfahren.

Um die Werkstücke aus flüssigem Metall herzustellen, wurde die Schmelze in eine Hohlform gefüllt, wo sie anschließend erstarrte. Zugegeben: So simpel, wie gerade beschrieben, funktioniert der Formguss natürlich nicht. Im Gegenteil. Die Prozesskette vom Rohmaterial bis zum fertigen Gussstück läuft über etliche Stationen. Dazu zählen der Formenbau an sich, das Anfertigen der Modelle, das eigentliche Schmelzen des Werkstoffs sowie eine aufwendige Nachbearbeitung. Angefangen beim Entformen und Wärmebehandeln über das Entfernen von Anschnitt und Speisern, weiter mit dem Entsanden, Entgraten und Enzundern bis zum Ausbessern von Gussfehlern, wenn denn erforderlich.

Im Vergleich zu anderen Fertigungsmethoden hat das Gießen übrigens den Vorteil, weniger Material zu verbrauchen als beispielsweise das Fräsen. Lediglich zehn Prozent des Werkstoffs gehen beim Gießen verloren. Beim Spanen wird teilweise über die Hälfte des Rohlings entfernt. Außerdem lassen sich im Gießverfahren auch komplexe Geometrien in großen Serien produzieren. Kleinere und mittlere Auflagen werden dagegen meist geschmiedet oder zerspant.

Eine Technik mit langer Geschichte

Die Gießereitechnik, deren Ursprung bereits aus der Kupferzeit stammt, wurde im Laufe der Jahrhunderte stetig weiterentwickelt. In der Region zwischen Ennepe und Ruhr wandte man in den mittelalterlichen Hammerwerken das Gussverfahren an, um Eisen aus Erz zu gewinnen. Schachtöfen und mit Wasserkraft angetriebene Blasebälge erleichterten die Arbeit.

Die vorhandenen kleingewerblichen Strukturen mit Mühlen, Hämmern und Schmieden an Ruhr und Ennepe begünstigten die Industrialisierung im 19. Jahrhundert maßgeblich. Dabei wirkten die bestehenden guten Handelsbeziehungen zu den bergisch-märkischen Gewerbegebieten zusätzlich als Verstärker. Werkzeuge und andere Produkte aus Metall waren heiß begehrt, so dass die Produktion in den Fabriken auf Hochtouren lief.

Vom Boom zum Niedergang

So auch in zahlreichen Gießereien im Ennepetal, in denen während der Hochphase der damaligen industriellen Metallverarbeitung die Schmelzöfen niemals ausgingen. In der ehemaligen Gießerei Brackelsberg in der Heilenbecke wird es nicht anders gewesen sein. Das um 1900 entstandene Fabrikgebäude galt zu seiner Zeit als eine vorbildliche Produktionsstätte mit modernen Anlagen und Maschinen.

Trotzdem ging auch dieses erfolgreiche Unternehmen den Weg, den viele seiner Mitbewerber gehen mussten: Von den über 30 Gießereien im Einzugsgebiet sind heute nur noch einige wenige übrig geblieben.

Auch die renommierte Eisengießerei F.W. Kruse in Ennepetal konnte das Aus nicht abwenden und war gezwungen, 2005 die Tore zu schließen. Aber dennoch gab es ein Happy-End: Heute beherbergt das denkmalgeschützte Backsteingebäude aus dem Jahr 1890 das Industrie-Museum der Stadt, das mit vielen interessanten Exponaten und Erzeugnissen anschaulich das Thema Metallbearbeitung dokumentiert.

Heiß, gefährlich, mühevoll. Die Arbeit in der Gießerei kostete vor hundert Jahren viel Kraft und Schweiß.

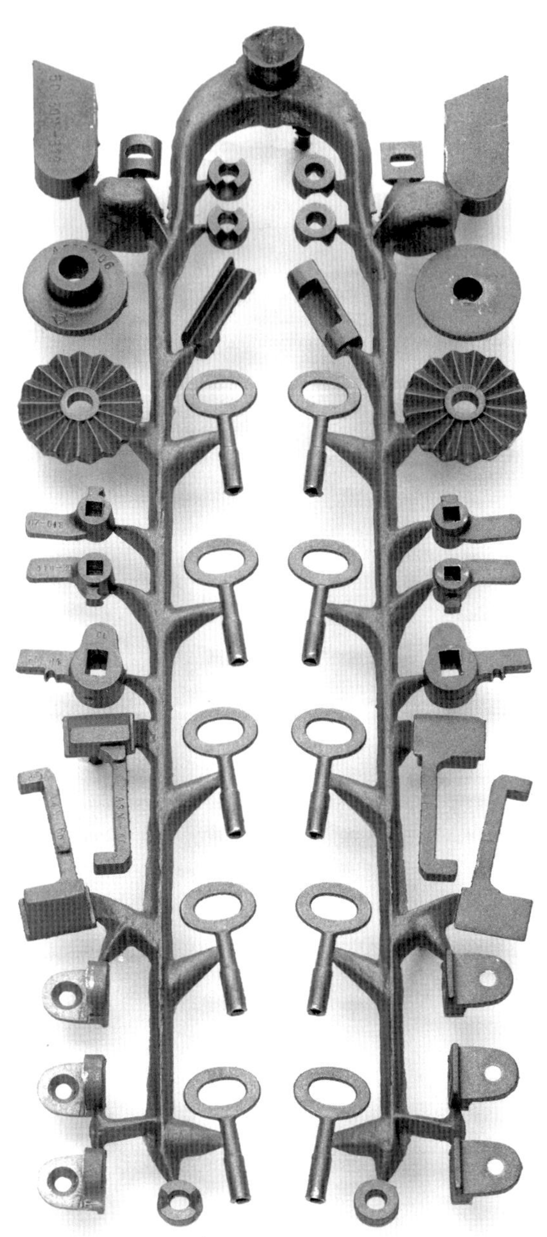

Präzision am Stück

Von der Axt bis zu den Zähnen, die den Mähbalken in der Landwirtschaft den nötigen Schneid verleihen: EN steht für Qualitätsarbeit. Dieses Prädikat hat Tradition.

Ein Beispiel für die erstklassige Werkzeugqualität liefern die Sensen und Strohmesser, die bereits im 17. Jahrhundert zu den erfolgreichen Exportartikeln der Region gehörten und weit über die Grenzen des damaligen Heiligen Römischen Reiches deutscher Nation hinaus vertrieben wurden. Denn die Sensenblätter waren bekannt für ihre exzellente Güte und Schneidkraft.

Wirtschaftsförderung durch Migration

Den Grundstein für die Produktion legten um 1650 Sensenschmiede, die aus dem Herzogtum Berg in die Grafschaft Mark einwanderten. Sie ließen sich entlang der Enneperstraße nieder, um die Wasserkraft für ihre Hämmer zu nutzen. Die Rohstoffe holten sich die Schmiede von den benachbarten Hammerwerken. So entstanden vor Ort zahlreiche Werkstätten, die sich auf die Fertigung von Sensen aus Stahl spezialisiert hatten.

Weiß-blaue Erfolgsmodelle

Anfänglich lag der Schwerpunkt auf der Herstellung sogenannter weißer Sensen, bei denen lediglich die Schneide aus Stahl bestand. Nach 1770 wurden auch Sensen nach österreichischem Vorbild komplett aus Stahl angefertigt. Eine ausgezeichnete Marketing-Entscheidung der Sensenmacher von damals. Denn die blaue westfälische Variante entwickelte sich sehr rasch zum Bestseller auf den Märkten, da sie sich in Qualität, Verarbeitung und Haltbarkeit jederzeit mit den berühmten Sensenblättern aus der Steiermark messen konnte.

Die Nachfrage führte zu einem beispiellosen Anstieg der örtlichen Produktion. Immer mehr Betriebe verlegten sich auf das lukrative Geschäft der Sensenfertigung. Heute würde man angesichts der Branchendichte zu Recht von einer Cluster-Bildung sprechen. Die Erfolgsgeschichte endete leider traurig. Als sich im Lauf des 19. Jahrhunderts verstärkt die industrielle Fertigung durchsetzte, ließ sich der Niedergang der handwerklichen Sensenproduktion nicht mehr aufhalten. Wieder einmal hatte der Fortschritt die Tradition besiegt.

Innovationen aus Metall

Natürlich hat die produzierende Wirtschaft im Bereich Metallverarbeitung noch wesentlich mehr zu bieten als Qualitätswerkzeuge zum Grasschnitt. Ob Handwerkszeug in Profiqualität, Industrie-Messer für unterschiedliche Anwendungen, Komponenten für Maschinen und Anlagen oder Teile für den Fahrzeugbau: Metall war und ist der Werkstoff der unbegrenzten Möglichkeiten, wie das Spektrum regionaler Erzeugnisse zeigt.

Die Kleineisen-Fertigung in der Region war bekannt für ihre Vielfalt, Anwendungsbreite und handwerkliche Qualität.

Mit Kette und Schuss

Das Rattern der Webstühle hat aufgehört. Das Weben und Wirken mit Kett- und Schussfaden wird heute anderenorts praktiziert. Die typische Tracht der Bandwirker mit ihren blauen Kitteln, dem roten Halstuch und der hohen schwarzen Mütze ist schon längst aus dem gewohnten Straßenbild verschwunden und mittlerweile nur noch als malerische Folklore auf den regionalen Heimatfesten vertreten.
Dabei gehörte das Gebiet zwischen Ennepe und Ruhr lange Zeit zu den führenden Textilregionen im Lande. In Hattingen leisteten die Bandweber ganze Arbeit; in Herdecke hatte das Blaufärben und Weben von Wolle Tradition. In Ennepetal waren unter anderem die Bleicher zu Hause, während in Gevelsberg und Schwelm die Garne weiterverarbeitet wurden.

Lohnarbeit für die Wupper-Fabriken

Vor allem Schwelm entwickelte sich zu einer Hochburg der textilen Produktion. Denn die kleine Stadt profitierte von der benachbarten Textilmetropole Wuppertal und hätte den dortigen Fabrikanten von Bändern, Litzen und Spitzen mächtig Konkurrenz machen können. Aber die Mehrzahl der Webereien und Bandwirkereien arbeitete weniger als Wettbewerber, sondern als Zulieferer oder im Lohnauftrag für die großen Firmen an der Wupper.
Ein wichtiges Ereignis in der örtlichen Branche war der Tag im Jahre 1845, als die Bandfabrik Braselmann und Sohn die Erlaubnis erhielt, die erste Dampfmaschine in Schwelm für ihr Gewerbe zu verwenden. Bis in die Mitte des 20. Jahrhunderts liefen die Geschäfte der ansässigen Textilbetriebe noch durchaus erfreulich. Doch nach einer kurzen Boom-Periode in der Nachkriegszeit verlor der Aufschwung spürbar an Fahrt, so dass auch die letzten Bandwirker schließen mussten.

Ein schwer verdientes Brot

Um 1900 gab es in Ennepetal mehr als 80 Berufe im Textilgewerbe, darunter 78 Bandwirker. Oft befanden sich die Werkstätten in Wohnhäusern, wo die fleißigen Handwerker täglich bis zu elf Stunden für die Auftraggeber aus Wuppertal im Einsatz waren. Denn das Wirken der Bänder war damals reine Handarbeit. Erst nach dem Ersten Weltkrieg wurde die schwere Tätigkeit durch das Aufkommen der Elektromotoren ein wenig leichter.

Doch so einfach gestaltete sich die Sache wiederum auch nicht. Denn der zuständige Beamte des Amtes Ennepe in Milspe musste erst eine schriftliche Genehmigung erteilen, ohne die der Bandwirker den modernen Antrieb für seinen Webstuhl gar nicht hätte nutzen dürfen.
Aber nicht nur die Arbeit am Webstuhl kostete Zeit. Denn das Garn, das gewirkt werden sollte, musste erst einmal zu Fuß in Wuppertal abgeholt und als fertige Ware auf gleichem Weg zurück gebracht werden. Wer es sich leisten konnte, schaffte sich deshalb für das Hin und Her ein Pferdefuhrwerk an. Denn mit einem PS ging es in jedem Fall schneller vorwärts als per pedes auf den eigenen zwei Beinen.

Warum der Flachs baden gehen musste

Übrigens: Nicht nur Wolle lieferte den Rohstoff für die spätere Textilherstellung. Auch aus Flachs wurden spinnbare Fasern gewonnen. Und zwar mit Hilfe von Flachsteichen. In diese flachen Gruben wurden nach der Ernte die Pflanzenstiele versenkt, wo sie etwa zwei Wochen im Wasser verrotteten. Mit diesem Verfahren ließen sich die Fasern vom holzigen Stengel besser lösen. Eine effiziente Methode, die jedoch zum Leidweisen der Anwohner mit erheblichem Gestank verbunden war. Im Stadtteil Meininghausen in Ennepetal befindet sich solch ein Flachsteich aus alter Zeit, der als schützenswertes landschaftliches Kulturgut inzwischen in die Liste der örtlichen Bodendenkmäler aufgenommen wurde.

Vom Flachsteich in Ennepetal ist der Weg nicht mehr weit nach Elfringhausen in Hattingen. Hier im Bandwebereimuseum können Besucher bei laufenden Maschinen ein Jahrhundert textile Handwerkskunst live erleben.

M30

Geistreiche Spezialitäten wie hier aus dem Hause Habbel in Sprockhövel.

Drink doch ene mit

Zugereiste aus dem Rheinischen und anderen deutschen Landen werden dieser freundlicher Einladung gerne folgen. Denn die Westfalen sind bekannt für ihre ausgezeichneten Schnäpse und Liköre. Sogar Leonid Iljitsch Breschnew, ehemaliger Generalsekretär der KPdSU und Staatschef der Sowjetunion, äußerte sich bei seinem Besuch an der Ruhr anerkennend über die Qualität der Spirituosen. Der kredenzte Wacholder schmecke besser als der Wodka zu Hause, lobte der trinkfeste Russe und Kenner harter Getränke.

Während das russische Wässerchen aus Kartoffeln hergestellt wird, bevorzugen die westfälischen Brennereien und Destillerien eher Korn, Kräuter und Obst als Ausgangsprodukte für die köstlichen Brände und Geiste.

Erfolgreich in alter Familientradition

Führend in der Region ist die Firma Habbel aus Sprockhövel. Die ehemalige Kornbrennerei mit angeschlossener Landwirtschaft ist heute die größte Obstbrennerei im Umkreis. Seit 1977 hat Inhaber Michael Habbel seine Leidenschaft für Whisky zum Beruf gemacht und einen neuen Produktbereich aufgebaut. Sein „Uralter Whisky" wurde bereits mehrmals auf internationalen Messen ausgezeichnet.

Auf eine ähnlich lange Tradition blickt auch die Privatbrennerei Sonnenschein in Witten-Heven zurück. 1800 vom Brennermeister Wilhelm Dönhoff gegründet, ging die Firma durch mehrere Hände, bis der jetzige Besitzer den Standort 1978 übernahm. Das Familienunternehmen stammt aus dem Jahr 1876 und wird heute in vierter Generation vom Urenkel des Firmengründers geleitet. Das umfangreiche Programm umfasst etwa 1000 Produkte, darunter Wein, Brände aus Obst und Getreide, diverse Likörspezialitäten sowie Whisky, Wodka und Cognac.

Ein Denkmal mit hochprozentiger Vergangenheit

Zwar noch erhalten, aber nicht mehr in Betrieb ist die ehemalige Kornbrennerei Saure in Gevelsberg. Vermutlich um 1843 erbaut, wurde das attraktive Gebäude mit seiner reich gegliederten Backsteinfassade 1983 als erstes Bauwerk in die Denkmalliste der Stadt aufgenommen. Heute hat hier im historischen Ambiente das Bürger- und Kulturzentrum Gevelsberg sein Domizil.

Geistvoll gebrannt

Zum Schluss wartet noch eine Frage auf Antwort, die bei diesem süffigen Thema immer wieder mal gestellt wird: Worin besteht eigentlich der Unterschied zwischen Geist und Brand?

So groß ist der Unterschied gar nicht. Denn im Ergebnis ähneln sich die Varianten. Nur der Weg dorthin ist jeweils ein anderer. Beim Brand wird das Obst mit Hefe zum Maischen angesetzt. Im anschließenden chemischen Prozess entsteht dann aus dem Fruchtzucker der begehrte Alkohol. Wobei es in der Natur der Sache liegt, dass die Menge zumeist recht überschaubar bleibt.

Bei einem Geist werden hingegen die Beeren oder Kräuter in reinem Alkohol eingelegt. Die Aromastoffe der Früchte verbinden sich mit den Molekülen des Alkohols – ein Vorgang, der den späteren Geschmack bestimmt. Beim Destillieren der Maische wird aufgrund der anderen Verfahrensweise wesentlich mehr Alkohol gewonnen als beim Brand, was sich nicht zuletzt auf den Preis niederschlägt. .

Eine kleine Landpartie

Von Landlust keine Spur. Die Mehrzahl der Bevölkerung lebte im Mittelalter zwar von der Landwirtschaft, doch die Menschen hatten mit Schäferidyll und Bauernromantik wenig im Sinn. Denn die Arbeit auf den Fronhöfen war extrem hart. Im Stall und auf dem Feld wurde jede Hand benötigt. Vom Morgengrauen bis Sonnenuntergang im Einsatz, blieb keine Zeit zum Müßiggang.

Zudem drückten die Abgaben, die an den jeweiligen Grundbesitzer entrichtet werden mussten. Fiel eine Ernte schlecht aus, gerieten die Bauern unter dem Zwang von Adel und Kirche schnell in existenzielle Not.

Am Anfang war der Hof

Einen Eindruck davon, wie die Menschen damals unter schwersten Bedingungen in Abhängigkeit lebten und arbeiteten, bekommen Besucher auf dem ehemaligen Fronhof in der Schwelmer Altstadt. Vermutlich entstand das Fachwerk-Anwesen im neunten Jahrhundert und war somit die Keimzelle für die Besiedlung des heutigen Stadtgebiets. Der Standort an der Schwelmer Kalkmulde mit ihren guten Böden und ausreichend Wasser aus der benachbarten Schwelme boten gute Voraussetzungen für einen landwirtschaftlichen Betrieb.

In den folgenden Jahrhunderten wurde der Fronhof immer wieder zum Spielball wechselnder Besitzer. Um 1070 im Eigentum des Kölner Erzbistums, erhielt nach einer Auseinandersetzung mit dem damaligen Erzbischof Friedrich III. vorläufig Graf Adolf III. von der Mark den Fronhof als Pfand. Es folgten weitere Fehden zwischen den gegnerischen Parteien, bis das Schwelmer Gehöft in der Mitte des 15. Jahrhunderts endgültig in den Besitz der Grafen von der Mark überging. 1812 wurde der Fronhof aufgehoben. Das Gebäude steht inzwischen unter Denkmalschutz.

Platz frei zum Siedeln

Wie für die Entwicklung städtischer Siedlungen im bergischmärkischen Raum typisch, befand sich nahe des Fronhofs eine Kirche, die bald zum Mittelpunkt des Lebens wurde. Um den Kirchplatz herum begann eine rege Bautätigkeit. Herbergen für reisende Handwerker und Händler entstanden und natürlich musste auch für die landwirtschaftlichen Scheunen, Stallungen und Unterkünfte der Knechte und Mägde gesorgt werden.

.

Die bäuerliche Kultur hat sich zwischen Ennepe und Ruhr trotz zunehmender Industrialisierung lange Zeit gehalten. Die fruchtbaren Auen in den Flusstälern sicherten ertragreiche Ernten; in der hügeligen bewaldeten Landschaft, die das Gebiet umgibt, wurde neben Ackerbau und Grünland auch noch Forstwirtschaft betrieben. Im Ortsteil Hillringhausen in Ennepetal hat sich beispielsweise solch ein Miteinander verschiedener Nutzflächen bis in die heutige Zeit erhalten.

Heuwenden auf Rüggeberg.

EN CT 346

ANDARD
20km

Kartoffeln machen Ferien

Hinaus auf den Acker statt hinein in die Schule. Bis in die sechziger Jahre mussten alle mithelfen, die wertvollen Knollen aus der Erde zu holen. Denn eine gute Kartoffelernte war damals lebenswichtig, um satt durch den Winter zu kommen.

Aus diesem Grund zogen im Oktober Alt und Jung aufs Feld. Natürlich auch die Kinder, die extra schulfrei bekamen und sich von morgens bis abends als kleine Erntehelfer genauso abplagten wie die Großen. Es war eine mühselige, anstrengende Plackerei oft für einen Stundenlohn unter einer Mark.

Körbeweise eingesammelt

Auf Knien rutschten Kinder und Jugendliche die Furchen entlang; immer dem Kartoffel-Roder hinterher, der mit seiner Spindel unermüdlich die begehrte Ackerfrucht aus der Erde beförderte. Nun hieß es die Knollen einzusammeln und in große Körbe zu füllen. War ein Korb voll, wurde er in Säcke geleert, die dann vom Bauern zu einem wartenden Anhänger in der Nähe gebracht wurden. Machte sich das voll beladene Gefährt auf den Weg zum Hof, nutzten die fleißigen Helfer die willkommene Pause zur Entspannung. Leider nur kurz, denn viel zu schnell kam der Landwirt mit dem leeren Wagen wieder zurück.

Sobald eine Kartoffelfurche abgeerntet war, wurden die Kinder noch einmal auf das Feld geschickt, um die Reihen nach vergessenen Knollen abzusuchen. Das bedeutete viel Bückerei und dazu Rückenschmerzen gratis.

Pause bei Muckefuck und Lagerfeuer

Mittags gab es für alle eine Mahlzeit. Beliebt waren Butterbrote mit Rübenkraut oder deftiges Schmalzgebäck; die Erwachsenen tranken dazu Malzkaffee, den berühmt-berüchtigten Muckefuck.

Doch es gab auch einen Hauch Romantik, der abends über den Acker zog. Dann flammten an vielen Stellen die Kartoffelfeuer auf. Während die Kartoffeln in der glühenden Asche schmorten, setzten sich Groß und Klein zusammen, um den harten Tag friedlich zu beenden.

Heute würde diese Art von Kinderarbeit durchaus zu Recht kritisch beurteilt. Vor gut sechzig Jahre sah man das anders und bezeichnete die schulfreie Zeit im Herbst als Kartoffel-Ferien.

Kleine Erntehelfer. Kinder beim Kartoffelsammeln.

HMC

Sport und Spiel

Hier läuft was im Kreis

Sportlich, sportlich. Mehr als 400 Vereine an Ennepe und Ruhr bringen die Menschen im Quartier regelmäßig in Bewegung. Ideale Voraussetzungen für Alt und Jung, um fit und gesund zu bleiben.

Damit der Spaß nicht auf der Strecke bleibt, lassen sich die vereinten Experten eine Menge einfallen. Das bedeutet: Ein volles Aktiv-Programm mit sportlichen Highligths der Extraklasse. So entsteht zwischen klassischen Standards und angesagten Trends viel Freiraum für Sport, Spiel und Spannung.

Zeit für Spaß und Fitness

Ob Fußball, Leichtathletik oder Schwimmen, ob Rafting, Segway, Geocaching oder Surfen im Wind: Im Ennepe-Ruhr-Kreis findet jeder genau die Sportart, die zu ihm passt. Nicht nur Freizeitsportler, die nach Feierabend oder am Wochenende einen Ausgleich für die Arbeit suchen. Auch Profis sind im Kreis gut aufgehoben. Denn hier stehen moderne Sportstätten für höchste Ansprüche zur Verfügung, um für Wettkämpfe und Meisterschaften aller Art leistungsgerecht zu trainieren.

Die folgende Sportschau setzt ausgewählte Freizeit-Aktivitäten aus der Region gekonnt ins Bild. Das macht Lust auf mehr.

Ob auf der Aschenbahn oder auf dem Rasenplatz: Sport und Freizeitaktivitäten hatten im Revier immer schon einen hohen Stellenwert.

Hart am Wind

Winter ade. Immer, wenn der Frühling kommt, wird es Zeit, die Boote zu Wasser zu lassen. Denn auf den Seen, Talsperren und Flussläufen im Ennepe-Ruhr-Kreis lässt sich vortrefflich schippern. Da macht es nichts, dass das Meer weit entfernt ist. Für Wassersportler mit Paddel, Ruder oder Segel bietet die Region eine Vielzahl von Möglichkeiten, ihr Hobby auszuleben.

Auch wer es abenteuerlich liebt, kann hier aufregende Momente erfahren. Zum Beispiel unterwegs mit einem selbstgebauten Floß, beim Windsurfen auf schwankendem Brett oder wild bewegt beim Rafting durch Stromschnellen und Untiefen.

Lernen, wie es geht.

Hilfestellung beim Lernen leisten die Clubs im Revier, wie etwa der Segelverein Kemnade oder der Kanu-Club Witten. Anfänger können in den etablierten Organisationen ihren neuen Lieblingssport kennenlernen und mit sachkundiger Unterstützung die erforderlichen Scheine erwerben. Dann steht der Weg offen, selbst einmal aktiv an einem der beliebten Events teilzunehmen, die jährlich viele Zuschauer an die Austragungsorte locken. Zum Beispiel zum legendären Drachenbootrennen oder zur Hartkortsee-Regatta, bei der Ruderer aus ganz NRW in unterschiedlichen Disziplinen um Sieg, Platz und Ehre kämpfen.

Schwerstarbeit unter Segeln

An dieser Stelle sei ein Blick zurück erlaubt. Wo heute weiße Ausflugsschiffe kreuzen, brachten in der Hochphase des Bergbaus schwer beladene Frachtschiffe wie die Ruhraaken ihre Last zum Zielhafen. 1869 wurden auf diesem Wege 867.734 Tonnen Steinkohle nach Duisburg verschifft, ein absoluter Rekord .

Um die zahlreichen Klippen und Kiesbänke sowie den Wechsel zwischen flachen und steilen Flussabschnitten zu überwinden, entstanden in damaliger Zeit zahlreiche Schleusen und Wehre. Brachten auch diese künstlichen Hilfen für die Schiffbarmachung nicht weiter, mussten die Kähne über die Treidelpfade entlang der Ruhr mühsam mit Muskelkraft geschleppt werden. Einige Jahre später stoppte der Bau der Ruhrtal-Bahn das einträgliche Transportgeschäft. So kam es, wie es kommen musste. 1889 passierte das letzte Kohlenschiff die Schleuse in Mühlheim.

Wassersport mit Aussicht. Oben das Rathaus in Wetter, unten die Segelboote auf dem Harkortsee.

HRY 3
4

Loipen in Breckerfeld
um Geld geht

Ski und Rodel gut

Eine erfreuliche Nachricht über die Wintersport-Verhältnisse in der Region hat im Zeichen des Klimawandels mittlerweile Seltenheitswert. Glücklicherweise gibt es die Schneekanonen aus Witten, die bei Bedarf die Pisten präparieren können.

Doch unabhängig davon ist der Kreis Ennepe-Ruhr bestens vorbereitet auf Wintervergnügen verschiedener Art. Wer es zunächst gemütlich angehen will, findet in der malerischen Landschaft Zeit und Muße für einen ausgedehnten Spaziergang. Hat es genug geschneit, wartet zudem eine zünftige Schlitten-Partie auf junge und alte Schneehasen. Und Platz für einen Schneemann oder eine ausgelassene Schneeball-Schlacht gibt es selbstverständlich überall.

Schnell bergab oder lang in der Spur

Doch Winter geht natürlich auch sportlich. Zum Beispiel in Hattingen, wo sich traditionell viele Skifreunde im Wodantal treffen. Ein Schlepplift bringt die Alpinisten 220 Meter bergauf zur Piste, auf der man auf zwei Brettern oder per Snowboard zu Tal fahren kann.

Noch ein Stück weit höher liegt die Abfahrt im Skigebiet Breckerfeld-Epscheid. 330 bis 350 Meter lang ist die Strecke mit idealen Voraussetzungen zum Wedeln und Brettern. Eine außergewöhnliche Location für passionierte Langläufer befindet sich rund um das Königliche Schleusenwärterhäuschen in Witten, Insel 1, das letzte von insgesamt 14 Exemplaren entlang der Ruhr. Nach einem Brand konnte das historische Gebäude gegenüber der Burg Hardenstein restauriert und wieder aufgebaut werden. Wenn es die Wetterlage zulässt, wird der Radweg dort bei genügend Schnee in eine 800 Meter lange Loipe umfunktioniert.

Eine winterliche Schnäppchen-Börse

Auch wenn der Winter öfter mal Pause macht, kann es nicht schaden, für den Schneefall vorzusorgen. Beste Gelegenheit, sich mit allem Nötigen für den winterlichen Sport einzudecken, offeriert die Skibörse jeweils Anfang November in der Sportalm in Gevelsberg. Über 1500 Secondhand-Objekte, vom Stiefel bis zur Komplettausrüstung, werden hier angeboten und finden ihre Käufer. Die Veranstaltung, die 2018 ihren vierzigsten Geburtstag feierte, ist die größte ihrer Art in ganz Nordrhein-Westfalen.

Wo gibt es die beste Loipe? Wo die ideale Abfahrt?
Die Auswahl für Wintersportler in der Region lässt keine Wünsche offen.

Nicht allein des Müllers Lust

Irgendwann ist es soweit. Im schönsten Teil des Ruhrgebiets wird wahrscheinlich jeder über kurz oder lang vom Wander-Virus angesteckt. Denn dem Lockruf, diese reizvolle Landschaft mit ihren Flüssen, Seen und waldreichen Hügeln selbst einmal auf Schusters Rappen zu erkunden, kann eigentlich niemand widerstehen.

Das Schöne daran: Das Wandern im Ennepe-Ruhr-Kreis fördert nicht nur Fitness und körperliches Wohlbefinden. Das Wandern im Ennepe-Ruhr-Kreis bildet auch. Vorbei an alten Burgen, Wasserschlössern und Industriedenkmälern gibt es für geschichtlich Interessierte eine Menge zu erfahren. Dafür sorgen gut beschilderte Themenwege, die beispielsweise über die lange Bergbautradition in der Region informieren.

Auf den Spuren des Bergbaus

Beste Beispiele liefern der Schlebuscher Bergbauwanderweg in Wetter oder auch der Waldweg im wildromantischen Muttental bei Witten. Entlang des gemächlich dahinplätschernden Muttenbachs wurde hier vermutlich die erste Kohle im Ruhrrevier gefunden. Die lehrreiche Route führt unter anderem über das Zechengelände Nachtigall und von dort weiter ins Gruben- und Feldbahnmuseum der Zeche Theresia.

Eine Woche lang gut zu Fuß unterwegs

Mit 56 Kilometern zählt der Wappenweg rund um Ennepetal zu den längsten Wanderstrecken in der Region. Zu viel für einen Tag, aber perfekt für wanderlustige Ourtdoor-Fans mit Zeit und Spaß an Kulturgeschichte, kombiniert mit herrlichen Aus- und Einblicken in die malerische Landschaft, die Ennepetal umgibt. Touristische Höhepunkte der Wanderung, die das stilisierte Wappen der Stadt als Kennzeichen führt, sind unter anderem der Krenzer Hammer, die letzte noch produzierende Freiformschmiede in Ennepetal, die Heilenbecker und die Hasper Talsperre sowie das Kettelbachtal mit Relikten von mittelalterlichen Rennöfen und Holzkohlemeilern. Aber es lohnt auch auf jeden Fall, das Haus Martfeld zu besuchen, das heute das sehenswerte Schwelmer Heimatmuseum beherbergt.

Sehenswerte Stationen auf dem Jakobusweg

Übrigens: Auch Pilger machen sich verstärkt auf in Richtung Ennepe-Ruhr-Kreis. Denn seit 2008 verläuft hier der berühmte Jakobsweg mit seinem markanten Symbol, der gelben Muschel auf blauem Grund. Dabei durchquert er die Städte Herdecke, Gevelsberg und Ennepetal sowie Breckerfeld und Schwelm. Eine gute Gelegenheit, einen Abstecher in die alte Stiftskirche in Herdecke einzuplanen oder den weithin bekannten Jakobusaltar in der gleichnamigen Breckerfelder Kirche zu besichtigen.

Wie auch immer: Die Lust am Wandern geht im Raum Ennepe-Ruhr wohl nicht so schnell vorbei. Mit aktuell 352 Wandertouren in unterschiedlichen Schwierigkeitsgraden steht ein abwechslungsreiches Angebot zur Auswahl, das für jeden Wanderfreund das Richtige bereit hält.

Schöner wandern rund um Ennepetal.

P

Wie ein Fisch im Wasser

Schon mal in einer Talsperre ein Bad genommen? Was sich viele Schwimmer im Land meist vergeblich wünschen, ist für die Menschen im Ennepe-Ruhr-Kreis kein Problem. Fast um die Ecke oder lediglich einen Katzensprung entfernt liegt die Glörtalsperre in der Nähe von Breckerfeld. Der See erstreckt sich über 21 ha und wird von einer 168 Meter langen und 32 Meter hohen Staumauer begrenzt.

Ein Vergnügen für Mensch und Tier

Auch wenn die Glörtalsperre als Reservoir für Trinkwasser dient, ist Baden hier erlaubt. Damit gehört das Gewässer zu den wenigen Anlagen seiner Art im Ruhrgebiet, wo Schwimmen überhaupt gestattet wird. Sogar Hunde dürfen in dem Naturbad am Nordufer des Stausees ins Wasser. Also ausgezeichnete Voraussetzungen für ein unbeschwertes Freizeitvergnügen, das Mensch und Tier gemeinsam genießen können.

Vorläufig abgetaucht

Wie ein Fisch im Wasser werden sich auch die Besucher von ‚Platsch' fühlen, wenn die aufwendigen Sanierungsarbeiten am bekannten Ennepetaler Freibad in Ahlhausen endlich abgeschlossen sind. Das lange Warten, das über 2019 bis zum Start der Badesaison in 2020 dauern soll, wird sich jedoch lohnen. Für rund 3,5 Millionen Euro soll das in die Jahre gekommene ‚Platsch' zu einem modernen Naturfreibad mit ökologischer Wasseraufbereitung im geschlossenen Filterkreislauf umgestaltet werden. Ohne Zusatz von Chlor. Zu den Neuerungen gehören außerdem ein Solebecken mit 32 Grad Wassertemperatur, ein Beachvolleyball-Feld sowie eine 15 Meter lange Breitwellenrutsche und ein Sandstrand für das echte Meer-Gefühl.

Befürchtungen, dass dieser attraktive Treffpunkt für Wasserfreunde aus dem gesamten Einzugsgebiet bei hohem Besucherandrang schnell überlaufen werden könnte, sind unbegründet. Selbst an Spitzentagen in einem heißen Super-Sommer reichen die eingeplanten Kapazitäten wohl aus: Bis zu 3000 Besucher können dann im Wasser platschen.

Die Glörtalsperre bei Breckerfeld bietet ungetrübtes Badevergnügen in herrlicher Naturkulisse.

Hü und Hott

Der Westfale ist eine alte Rasse und besitzt mit einem Stockmaß zwischen 165 und 172 cm eine imposante Größe. Dieser athletische Körperbau macht den nervenstarken Warmblüter zu einem echten Allrounder. Ob bei der Dressur, beim Springen oder im Kutsch-Gespann, ob bei Turnieren oder beim Freizeitsport mit Familienanschluss: Dank seines ausgeglichenen Temperaments lässt sich ein Westfale erfolgreich für viele Aufgaben einsetzen. Sogar die Polizei schätzt den großen, rund 500 kg schweren Braunen als mutigen, zuverlässigen Partner und holt ihn immer wieder gern in ihre Reiterstaffeln.

Das Zentrum der Westfalenzucht befindet sich seit 1826 im Landgestüt Warendorf. Dort wurden bis zum Zweiten Weltkrieg neben der Warmblutlinie auch schwere Kaltblüter gezogen, die vor allem als Arbeitspferde in der Landwirtschaft Verwendung fanden. In den Jahren danach entwickelte sich der Westfale zu einem modernen Sportpferd, das durch seine menschenoffene Art immer mehr Freunde findet.

Überall ist Pferdeland

In Gevelsberg auf Gut Berge gehört die Westfalenzucht seit langem zur Tradition. Eng mit dem Landgestüt verbunden, unterhält man hier eine Deckstation sowie eine Reitanlage bester Qualität. Doch nicht nur hier im bäuerlich geprägten Stadtteil Berge gehören Pferdekoppeln zum Landschaftsbild: Überall im Kreisgebiet ist Pferdeland. Im zuständigen Kreisverband sind aktuell 48 Reitvereine und 10 Betriebe mit Pferdehaltung eingetragen; insgesamt liegt die Zahl der Mitglieder bei 4600.

In jeder Situation sattelfest

Wie viele Pferde genau in der Region zwischen Ennepe und Ruhr gehalten werden, lässt sich nur schwer ermitteln. Nach Expertenmeinung werden es aber wohl rund 6000 Tiere sein. Fest steht: Immer mehr Menschen sind hoch zu Ross unterwegs. Für sie liegt das Glück der Erde auf dem Rücken der Pferde – und vor allem bei einem Ausritt in freier Natur, mit der dieser schöne Landstrich reich gesegnet ist. Zurzeit stehen 50 Kilometer Reitwege, aufgeteilt auf zehn verschiedene Runden, zur Verfügung. Zu wenig, sind sich Pferdehalter und Reiter einig. Auch wenn die Benutzung seit 2018 auch auf Fahrwege ausgedehnt wurde.

Auf Trab gebracht. Reiten gehört zu den beliebten Freizeitaktivitäten in der Region.

We like bike

So viele Menschen können sich nicht irren: 2017 zählte die Statistik in Deutschland 73.500.000 Fahrräder. Immerhin beherrschen 90 Prozent der Deutschen die Kunst des Radfahrens. Da verwundert es nicht, dass sich der Drahtesel in der Liste der beliebtesten Produkte in Deutschland auf Rang Zwei hinauf gearbeitet hat. Dies schlägt sich auch in klingender Münze nieder. Der Gesamtwert der in Deutschland verkauften Fahrräder und E-Bikes lag 2017 bei 2.690.000.000 Euro.

Fahrrad-Technik made in Gevelsberg

Wie nicht anders zu denken, war auch in Westfalen, der angestammten Heimat der Tüftler und Knösterer, lange Zeit der Fahrradbau zu Hause. Heute kann sich ein Sammler glücklich schätzen, ein Original Schürhoff-Fahrrad aus den vierziger Jahren sein eigen zu nennen.

Mit dem Namen Schürhoff aus Gevelsberg verbindet sich in der Tat ein Stück Zweirad-Geschichte aus der Region. Dabei hatte Albert Schürhoff, als er seine Firma 1912 „Im Sudfeld" gründete, anfangs gar nichts mit Fahrrädern im Sinn. Zunächst hatte sich der junge Fabrikant auf die Produktion von Schuhbeschlägen spezialisiert, später kamen Wasserkräne dazu. Das Geschäftsmodell erwies sich allerdings recht schnell als nicht sonderlich tragfähig. Kurz vor dem Ende des Ersten Weltkriegs stand die Firma bereits vor dem Aus.

Gerade noch rechtzeitig vor dem Konkurs stieg Sohn Kurt Schürhoff in das Unternehmen ein, um das Ruder herumzureißen und den väterlichen Betrieb wieder auf Erfolgskurs zu bringen. Das passende Vehikel für dieses sportliche Ziel war bald gefunden. Es war – richtig – ein Fahrrad. Zunächst startete Schürhoff Junior Anfang der zwanziger Jahre mit der Herstellung von Ersatzteilen. Nach der Übernahme einer Zweiradfirma waren die Weichen für die eigene Fahrrad-Produktion gestellt. Seitdem wurden in Gevelsberg Fahrräder der Marke Schürhoff gebaut, die als Exportschlager in die ganze Welt gingen. Neben den Velos produzierte das Unternehmen unter anderem auch Motorräder, Fahrradzubehör sowie Centrix 3.Gang-Schaltungsnaben, einem späteren Schwerpunkt im Produktprogramm.

Querfeldein und rundherum durchs Gelände

Ob Oldtimer mit nostalgischer Radlaufglocke oder Trekkingbike in HighTech-Qualität: Radfahrer kommen im Ennepe-Ruhr-Kreis bestens auf Touren. Insgesamt 181 Routen von unterschiedlicher Länge und Schwierigkeit, 46 Geländeabschnitte für Mountainbikes und 28 Spezialkurse für Rennräder bilden ein flächendeckendes Wegenetz, das jedem Anspruch gerecht wird. Vorbei an Industriedenkmälern, über sanfte Hügel und durch weitläufige Täler, auf einer ehemaligen Eisenbahntrasse von Ruhr zur Ruhr oder unterwegs auf einer ungewöhnlichen Passage mit Namen Eselohr. Dies alles und noch viel mehr erwartet Fahrradfreunde bei einem Trip in die Region.

Auf dem Ruhrtal-Radweg vorbei an der Isenburg. Ein Streckennetz mit rund 181 Routen macht den Kreis zur fahrradfreundlichen Region.

Auf Westfälisch eingelocht

Zum Putten in den Hilgenpütt. Warum gerade dorthin, wo es doch im Ennepe-Ruhr-Kreis viele Möglichkeiten und ausgezeichnete Locations gibt für Golfspieler und solche, die es werden wollen? Der Grund liegt in dem Reiz, auf geschichtsträchtigem Boden ein schönes Spiel zu machen. Ganz einfach und sehr komfortabel.

Denn an das Waldgebiet im Ortsteil Gennebreck von Sprockhövel grenzen gleich die beiden renommierten Golfclubs Felderbach und Frielinghausen.

Vom schwarzen Gold zum weißen Ball

Doch zurück in die Vergangenheit. Das Gebiet um den Hilgenpütt, was so viel bedeutet wie Heilige Quelle, gehörte zu den ältesten Abbaustätten der Steinkohle im Ruhrgebiet. So wurde auch im benachbarten Hattingen in der Ortschaft Alter Schee seit dem Spätmittelalter Kohle gefördert. Ebenfalls in der Herzkamper Mulde, die sich an das Waldstück anschließt. Hier lagen die Steinkohleflöze direkt unter der Erdoberfläche und ließen sich ohne viel Aufwand über Tage abbauen.

Nach einer entspannten Runde Golf auf einer der modernen 18-Loch-Anlagen lädt der Hilgenpütt zu einer kleinen historischen Besichtigung ein. Und zwar auf die Hofschaft Großer Siepen im Norden des Waldgeländes. Hier wartet ein Ensemble denkmalgeschützter, kulturgeschichtlich interessanter Gebäude. Auch einen Abstecher wert: Das Dorf Herzkamp auf Sprockhöveler Gebiet, in dem der südlichste Schacht des Bergbaus im Revier zu finden ist.

Golfen nach Lust und Laune

Ideale Platzverhältnisse treffen Golfer darüber hinaus auf den Anlagen am Kemnader See in Witten sowie am Standort Gevelsberg/Wetter an. Wer es ein wenig kleiner mag, kann auf den zahlreichen Minigolf-Plätzen im Revier sein Geschick beim Einlochen beweisen. Etwa auf der 18-Loch-Bahn im Landschaftspark Henrichshütte in Hattingen oder beim Freizeittreff in Herbede.

Wie wär's denn mal mit cross

Nicht zu vergessen: Mit Crossgolf hat auch der neueste Trend die Region erobert. Im Grunde genommen ist diese Variante die eigentliche Grundform des Golfens, das bekanntlich in Schottland im 15. Jahrhundert erfunden wurde. Damals schlugen die Schäfer zum Zeitvertreib den Ball querfeldein – also cross – über die weiten Wiesen, auf denen ihre Schafe weideten. Jahrhundertelang geriet das Spiel in Vergessenheit, während der „richtige“ Golfsport Furore machte. Bis zu dem Tag im Februar 1971, als Alan Shepard, Kommandeur der Apollo 14 Mission, den ersten Abschlag auf dem Mond riskierte.

Von da an war der Run nicht mehr zu stoppen. Das Urbane Golfen wurde hip. Es kann überall und von jedermann gespielt werden. Auf stillgelegten Fabrikgeländen ebenso wie im Hafen oder im Park. Dabei gilt es nicht, die kleine weiße Kugel in ein Loch zu befördern, sondern ein frei gewähltes Ziel zu treffen. Das kann ein Papierkorb, eine Bank oder ein Baumstamm sein. Vor allem Firmen, die das Wir-Gefühl ihrer Mitarbeiter stärken wollen, gehören zu der Gruppe, die verstärkt Crossgolf-Events im Revier buchen.

Einlochen zwischen Green und Bunker.

Ein guter Fang am Haken

Bitte zu Fisch! Der Bestand in den 22 für die Fischerei freigegebenen Gewässern im Ennepe-Ruhr-Kreis sorgt für einen reich gedeckten Tisch. Hecht, Zander, Karpfen und Schleie, Wels, Aal, Brasse und weitere Arten können Angler hier erfolgreich an Land ziehen.

Vor allem die zahlreichen Seen im Revier sind wahre Angler-Paradiese: Natur pur in ungestörter Stille. Perfekt für Menschen, die dem Stress des Alltags entfliehen und in aller Ruhe ihren Sport ausüben wollen. Selbstverständlich nur mit einem gültigen Angelschein, der nach bestandener Prüfung von der Unteren Fischereibehörde in Schwelm ausgestellt wird.

Beim Thema Forelle alles in Butter

Wer zum Abendessen Appetit auf eine frische Forelle verspürt, sollte beim Angeln auf Nummer Sicher gehen und sein Petri Heil an einem der bekannten Fischteiche versuchen, in denen jeden Morgen neue Fische frisch eingesetzt werden. Häufig mehrere Kilo pro Angler. Profis empfehlen für diesen Zweck die Peddenhöhe, eine Stauweiheranlage, die sich über 61.000 m^2 erstreckt und unter anderem einen 2,5 Hektar großen Ausgleichsweiher sowie fünf Aufzuchtteiche umfasst. Hier ist Platz für 8.000 Bachforellensetzlinge. Im großen Stauweiher gehen im Winter überdies regelmäßig kapitale Hechte an den Angelhaken.

Aussichten auf einen guten Fang versprechen ebenso der Forellenhof Kahlenbeckerquelle in Ennepetal und die Anlage auf Gut Rocholz in Gevelsberg.

Flussfrisch gefischt

Natürlich bietet auch die Ruhr ergiebige Jagdgründe für Angelfreunde. Beispielsweise in Wetter oder Herdecke lohnt es sich durchaus, mit dem passenden Köder an der Rute auf Pirsch zu gehen.

Vom Haken frisch auf den Tisch. Sauberes Wasser in Seen und Flüssen beschert Anglern im Revier einen artenreichen Fang.

Typisch Heimat

Eine Region in Feierlaune

Einen Rheinländer mag es verwundern: Auch Westfalen können feiern. Und wie! Mehrmals im Jahr herrschen Jubel, Trubel, Heiterkeit an Ennepe und Ruhr. Dann zieht es tausende Menschen in die Städte des Kreises, um zusammen die beliebten historischen Feste zu erleben.

Dabei können die Besucher ungewöhnliche Bräuche entdecken. In Schwelm spannen sich beispielsweise die Wäscheleinen über die Straßen, in Hattingen auf dem Panhasmarkt gibt es westfälische Spezialitäten wie bei Muttern, in Breckerfeld wird von Junggesellen über Kimme und Korn scharf geschossen und Gevelsberg lädt ein zur schrägsten Kirmes in Europa.

Ob Traditionsverein, Altstadtfest oder Spiel und Spannung: Überall ist die tiefe Heimatverbundenheit spürbar, die Land und Leute seit vielen, vielen Jahren prägt. Die folgenden Bildgeschichten zu Kultur & Brauchtum erzählen, was es damit auf sich hat.

Zwischen Ennepe und Ruhr gibt es im Jahr viele Gründe zum Feiern.

Waschechte Tradition

Jeweils am ersten Sonntag im September steht die Schwelmer Altstadt unter einem ganz besonderen Leinenzwang. Denn pünktlich zum großen Heimatfest werden quer über die Kölner Straße die Wäscheleinen gespannt, bestückt mit Dessous in bemerkenswerten Größen und Formen.

Das Feiern unter aufgehängter Unterwäsche erinnert an alte Zeiten, in denen die Anwohner ihre Trikotagen auf diese Weise getrocknet haben. Übrigens hält sich bis heute ein Aberglauben im Stadtteil, der besagt: Wenn die Wäsche hängt, muss es einmal hineinregnen. Denn das bringt Glück.

Vom Topf bis zum Pferd alles im Angebot

Das Schwelmer Heimatfest hat aber noch mehr zu bieten als waschechte Traditionen. Im Mittelpunkt der Festivität steht die große Kirmes inmitten der Stadt, deren Ursprung auf die Jahrmärkte im 15. Jahrhundert zurückgeht. Hier gab es von Töpferwaren über Stoffe und Korbflechtereien bis zum Pferd für die Feldarbeit alles zu kaufen, was damals in Haus und Hof benötigt wurde.

Aus diesem Vieh- und Krammarkt entwickelte sich bald darauf die St. Mätens-Kirmes, die am 11. November 1497 erstmals Premiere hatte. Vierhundert Jahre lang war sie für Alt und Jung in Schwelm und Umgebung ein Höhepunkt des Jahres, den niemand verpassen wollte. Am 11. November 1897 schloss die beliebte Veranstaltung ihre Tore. Zur Freude des Publikums jedoch nicht für immer. Denn 1935 feierte die Kirmes eine vielbejubelte Renaissance.

Ein Riesen-Rummel in der City

Auch wenn die Zeit der Vieh- und Krammärkte lange schon der Vergangenheit angehört: Geblieben ist den Schwelmern die Lust an vergnügtem Miteinander auf einem Volksfest, das die City über vier Tage in einen Riesen-Rummel verwandelt. Mehr als 150 Schausteller locken während dieser Dauer mit rasanten Fahrgeschäften und anderen Attraktionen rund 150.000 Besucher in die kleine Stadt, die es wie kaum eine andere versteht, ganz groß zu feiern.

Wenn die Wäsche in der Altstadt über der Straße hängt, weiß jedes Kind: In Schwelm ist wieder Heimatfest!

Op dä dicken

Was machten die Schmiede seinerzeit im Ennepetal, wenn es für sie nichts zu tun gab? Sie ließen sich zum Zeitvertreib etwas einfallen. Die Ideenfindung hatte einen einfachen Grund.
Da die Ennepe oft Niedrigwasser führte, konnte das Eisenerz weder verhüttet noch geschmiedet werden. Das bedeutet Stillstand in den Gewerken. Denn meist hatten die Arbeiter nur wenige Monate im Jahr Gelegenheit, ihrer Tätigkeit nachzugehen. Die restliche Zeit herrschte Ruhe in Schacht und Hammerwerk.

Ein Baumstamm als Zielscheibe

Bis zu dem Tag, als das Wurfspiel „Op dä dicken" erfunden wurde. Dabei handelte es sich um eine Kegelvariante der besonderen Art. Denn gekegelt wurde mit Holzklötzchen und Baumstämmen, den so genannten Dicken. Mittlerweile kommen heute richtige Kugeln zum Einsatz, doch im Mittelpunkt steht nach wie vor immer noch ein Dicker. Ein Baumstamm, den die Spieler mit ihren Wurfgeschossen treffen müssen.

Nach wie vor sehr beliebt

Ursprungsort des Schmiede-Kegelns war einst die Gaststätte „Burger Mühle". Im Laufe der Zeit haben lokale Vereine, aber auch Privatleute diesen Sport für sich entdeckt. So findet beispielsweise heutzutage im Umkreis kein Vatertag mehr ohne „Op dä dicken" statt. Und dann wird gekegelt, was das Zeug hält. Aus Spaß an der Freude und natürlich auch aus Lust am Gewinnen.

Hier ist Treffsicherheit gefragt. Mit Augenmaß und ruhiger Hand gelingt beim Baumstamm-Kegeln jeder Wurf.

Ganz schön schräg

Nicht von ungefähr kann sich Gevelsberg rühmen, die schrägste Kirmes in Europa zu veranstalten. Immerhin geht es auf der 1,6 km langen Geländestrecke stetig bergauf. Angefangen in der Oberstadt über die Mittelstraße in die Elberfelder Straße hinauf in Richtung Schwelm bis in die Rosendahler Straße. In der Spitze müssen Besucher eine Steigung von bis zu 12 Prozent bewältigen. Dazu braucht man nicht nur festes Schuhwerk, sondern auch eine entsprechende Kondition.

Die Kirmes hat in Gevelsberg eine lange Tradition. Bereits vor über 200 Jahren trafen sich Einheimische und Zugereiste auf dem Jahrmarkt, um zwischen Buden und Ständen zu schlendern, die Auslagen zu begutachten und mit den Händlern um einen günstigen Preis zu feilschen. Musikanten, Gaukler und Artisten sorgten dabei für die richtige Festtagsstimmung.

Umziehen zum Umzug

Heute findet die Gevelsberger Traditionskirmes immer am letzten Juni-Wochenende des Jahres statt. Etwa 170 Betriebe, vom Gastwirt bis zum Betreiber eines High-Tech-Karussells, sind dann vor Ort, um dem Publikum aus nah und fern ein abwechslungsreiches Programm zu offerieren.

Im Mittelpunkt der Veranstaltung steht jedes Mal der große Festumzug mit lokaler Prominenz und zahlreichen Teilnehmern, vielfach in historischen Kostümen. Ein farbenprächtiger Event mit nostalgischem Charme, der die Zuschauer am Straßenrand stets aufs Neue in seinen Bann zieht.

Viel Applaus vom Straßenrand. Begeistert beklatscht das Publikum die Teilnehmer am großen Kirmesumzug in Gevelsberg.

Köln
Hagen
Witten
Hagen
Ennepetal
P
83
83
FENDT
EN-T 958

Aufs Korn genommen

Junggesellen ans Gewehr. Es gilt, den Vogel abzuschießen. Eine Schützentradition, die in Breckerfeld auf das 14. Jahrhundert zurückgeht. Das älteste erhaltene Einnahmen- und Ausgabenbuch der Stadt aus dem Jahre 1449/50 belegt, dass es damals in der Gemeinde schon Feuerbussen gab, die mit Donnerkrout geladen wurden. Einige Jahre zuvor hatte sich um 1396 bereits ein Bürgerschützenverein gebildet, in dem die Breckerfelder Junggesellen wohl als Fähnlein vertreten waren und bei den Zielübungen mit ihren Schusswaffen am Spielbrink vor der Kapelle auf einen „papgoye" schießen müssten.

Die Vereinsgeschichte verlief in den folgenden Jahrzehnten durchaus turbulent. So wurden zum Beispiel die Wort- und Rädelsführer der Junggesellen nach Protesten wegen der Behinderung ihres Schießstandes zeitweilig ins Gefängnis gesteckt. Doch es half alles nichts: Die Junggesellen mussten sich nach einem neuen Schießstand umsehen, der schließlich an der Vogelsrhute errichtet wurde.

Mutig Flagge zeigen

Zum Dauerthema entwickelte sich auch die Sache mit der Fahne, die von den Franzosen in den Freiheitskriegen erbeutet und von Friedrich Wilhelm III. dem Verein geschenkt worden war. 1888 erhielt der Verein eine neue Standarte, die allerdings wenig später beim Brand des Vereinslokals verloren ging. Wo die französische Flagge abgeblieben ist, bleibt bis heute im Dunkeln.

1961 präsentierte der scheidende Junggesellen-König Manfred Werthman den Bürgern der Stadt die neue Königsfahne des Vereins, nachdem die alte nur noch aus einem Fetzen Tuch bestand.

Ein König der Bälle

Es folgten Höhen und Tiefen, in deren Verlauf die Junggesellen durchaus Kreativität und Humor bewiesen. Etwa 1948, als die damalige Militärregierung ein Schießverbot erlassen hatte. Die Breckerfelder Schützen wussten sich zu helfen. Man legte die Büchsen beiseite und ermittelte den König kurzerhand durch Ballwerfen auf eine Scheibe.

Bis heute zählen die Junggesellen-Schützen zum festen Bestandteil des städtischen Lebens in Breckerfeld. Paraden, Umzüge, Schützenfeste und Königsball sind Höhepunkte ihrer Vereinskultur, die so lebendig ist wie in der Gründerzeit vor über 600 Jahren.

Seit 1396 messen sich die Breckerfelder Junggesellen in ihrem Schützenverein, um mit Kimme und Korn den Trefferkönig zu ermitteln.

Husarenstück mit Taktgefühl

Fanfarenklang statt Säbelrasseln. Bei den Aechterbieckschen Husaren gibt die Musik den Ton an. Ursprünglich als 1. Gevelsberger Fanfarencorps in 1954 gegründet, nannte sich die Kapelle mit ihrer prächtigen Landsknechtstracht und den beeindruckenden Husarenuniformen wenig später um. Damit begann eine fünfzigjährige Erfolgsgeschichte mit Auftritten im In- und Ausland, mit zahlreichen Auszeichnungen und internationaler Anerkennung.

Nicht nur den Marsch geblasen

Die „Aechterbieckschen" gewannen so viele Wettbewerbe von Rang, dass eine beachtliche Pokalsammlung zusammen kam. Die Gevelsberger konnten bei ihren Konzerten, die sie oft gemeinsam mit renommierten Orchestern veranstalteten, die Herzen der Zuhörer sozusagen mit Trommeln und Trompeten gewinnen. Doch es musste nicht immer Marschmusik sein. Als 1967 die Umstellung auf Ventilinstrumente erfolgte, war der Schritt zur modernen Brassband vollzogen. Von nun an gab es Big-Band-Klänge vom Feinsten. Ein Jahr später kam eine Mädchengarde hinzu, die zusammen mit dem Orchester ebenfalls Furore feierte. Unvergessen auch die Zeit, als die Jazzer unter den Musikern mit einer Skiffle-Formation und einer Husarencombo die Säle zum Kochen brachten.

Gern gesehen und gehört

Es gab kaum ein Ereignis, an dem die Husaren keinen Anteil hatten. Ob als Veranstalter der Wahl zur „Miss Ennepe-Ruhr", ob bei den Umzügen in den umliegenden Karnevalshochburgen, ob als musikalische Begleitung großer Spiele in der Schalker Glückauf-Kampfbahn, ob beim belgischen Oktoberfest in Wieze oder bei der Begründung der Städtepartnerschaft zwischen Gevelsberg und Vendome: Die Gevelsberger Husaren waren dabei. Sogar bei der berühmten Steuben-Parade in New York sind die Musiker mit marschiert.

Insgesamt haben die Gevelsberger auf ihren Konzertreisen Strecken zurückgelegt, die mehrfach um den Erdball reichten. Zum großen Bedauern vieler Freunde und Fans erklang auf der Gevelsberger Kirmes im Jahre 2004 der Schlussakkord. 50 Jahre nach ihrer Gründung verabschiedeten sich die Aechterbieckschen Landsknechte und Husaren so, wie sie angefangen hatten: Mit einer harmonischen Fanfarenmusik, die zum Abschluss von vergangenen Erfolgen und schönen Zeiten erzählt.

Weitgereist und weltberühmt haben sich die Gevelsberger Husaren in die Herzen tausender Musikfreunde gespielt.

Glas-

Auf Schatzsuche

Stöbern zwischen Kitsch und Kunst. Seit über 40 Jahren wird Schwelm zweimal im Jahr zum El Dorado für Sammler aus ganz Nordrhein-Westfalen. Jeweils im Mai und Oktober findet in der Innenstadt ein gut besuchter Trödelmarkt statt, der für sein recht anspruchsvolles Angebot bekannt ist. Denn Neuware wird explizit nicht zugelassen.

Die Kombination mit einem verkaufsoffenen Sonntag erweist sich als zusätzlicher Magnet, der viele Besucher zum Trödeln und Einkaufen in die City lockt. Ob attraktives Steh-Rümchen aus dem Art Deco, Jugendstil-Vase, Nierentisch aus den Fünfzigern oder Gründerzeit-Portrait, ob alte Schallplatte oder das Buch, das man schon lange vergeblich gesucht hat: Hier wird man fündig.

Darüber hinaus gibt es historische Geräte, Second-Hand-Kleidung mit Designer-Label und Einrichtungsgegenstände, mit denen sich Haus und Wohnung geschmackvoll aufmöbeln lassen.

Fazit. Ein Besuch lohnt sich auf jeden Fall. Und wer bis jetzt noch kein Freund von Trödelmärkten war, wird es nach einem Abstecher ins schöne Schwelm sicher werden.

Auf dem Flohmarkt in Schwelm werden Besucher zu Jägern und Sammlern.

Im Kreisverkehr

Land und Leute kommen in Fahrt

Mittendrin und ausgezeichnet vernetzt. Seit alters her achteten die Menschen im Revier auf gute Verkehrsverbindungen. Nicht nur die Nachbarstädte sollten schnell erreichbar sein, sondern vor allem auch die weiter entfernten Märkte im Lande. Aus diesem Grund entstanden die ersten Stadtsiedlungen entlang der historischen Handelsstraßen, die direkt zu den damaligen Ballungszentren wie beispielsweise Köln führten.

Zunächst noch zu Fuß unterwegs, änderte sich die Art der Fortbewegung mit steigender Kaufkraft. Aber auch der technische Fortschritt sorgte für mehr mobilen Komfort bei der Beförderung von Waren und Personen.

In diesem Kapitel wird ein Bogen geschlagen vom Pferdefuhrwerk über die Eisenbahn bis zum Nutzfahrzeug. Zudem dokumentieren Momentaufnahmen den Autobahnbau, und wie der Kreis Ennepe-Ruhr Anschluss an das bundesweite Fernstraßennetz fand.

Motorrad der Marke Schürhoff in den Fünfzigern.

Vor den Karren gespannt

Die Störtkoar gehörte bis in die fünfziger Jahre zum gewohnten Bild auf den Straßen im Ennepe-Ruhr-Kreis. Beladen mit Kohle, Baumaterial oder landwirtschaftlichen Erzeugnissen, rumpelte und holperte die einachsige Stützkarre, von einem Pferd gezogen, auf zwei Rädern über das Pflaster.

Das beliebte Transportmittel besaß zwar keine Federung und fiel auch sonst hinsichtlich Konstruktion und Ausstattung eher bescheiden aus – überzeugte aber im Gebrauch durch Vielseitigkeit und einfache Handhabung. Denn der Karrenaufsatz des Fuhrwerks, der über der Achse auf einer Welle angebracht war, ließ sich problemlos bei Bedarf nach hinten kippen. Und ruckzuck konnte die Fuhre beim Empfänger abgeliefert werden. Ohne Muskelkraft und Zeitaufwand.

Erst als immer mehr Lastkraftwagen die Straßen eroberten, wurden die alten Pferdekarren ausgemustert. Mit ihnen verschwanden auch Traditionsberufe wie die Kohlentreiber, die seinerzeit den Brennstoff von den Zechen in die Fabriken im Umland gebracht hatten.

Die typische einachsige Pferdekarre zählte bis Mitte des vergangenen Jahrhunderts zu den bevorzugten Transportmitteln.

BÜSSING
Telefon 327
Amt
Gevelsberg
ERNST SCHMIDT, SPEDITEUR
Vogelsang Kr. Schwelm
IX-821
ERNST SCHMIDT, SPEDITEUR
Vogelsang Kr. Schwelm

Auch rückwärts geht's voran

Als die erste Kutsche ohne Pferd 1896 über die Straßen rollte, staunten die Menschen nicht schlecht. Was war das für ein wundersames Vehikel, das wie von selbst durch die Gegend fuhr?

Im festen Glauben an die Idee, dass sich der motorisierte Gütertransport gegenüber den üblichen Pferdefuhrwerken, den Schiffen und Eisenbahnen durchsetzen würde, hatte der Schwabe Gottlieb Daimler gemeinsam mit seinem Partner Carl Benz den ersten ‚Lieferungswagen' auf den Markt gebracht. Das Gefährt war für eine Nutzlast von 1,5 Tonnen ausgelegt und wurde von einem 4 PS starken Zweizylinder-Motor angetrieben. Damit hatten die beiden Tüftler die Erfolgsgeschichte der Nutzfahrzeuge ins Rollen gebracht.

Für 4.600 Goldmark verkauft

Der Prototyp wurde mit der Bestell-Nummer 81 am1. Oktober 1896 an das British Motor Syndicate in London für 4.600 Goldmark verkauft. Bereits ein Jahr später präsentierte die Firma Daimler als erster Fahrzeugbauer der Welt ein Programm mit LKW-Modellen in unterschiedlichen Leistungsstufen von 2,9 bis 7,4 kW. Und: Die innovativen Trucks der ersten Stunde waren in der Lage, Steigungen bis zu 12 Prozent zu bewältigen und konnten sogar Rückwärtsfahren.

Umsteigen auf den Fortschritt

Der mobile Fortschritt aus dem Baden-Württembergischen erreichte natürlich auch sehr schnell die Speditionen im Bereich Ennepe-Ruhr. Wie beispielsweise die Firma Ernst Schmidt in Gevelsberg. Seit der Gründung anno 1893 noch mit Pferd und Wagen unterwegs, konnte das Unternehmen sein Fuhrgeschäft nun auf mehrere PS starke Nutzfahrzeugtechnik umstellen. 1912 war dann der große Moment gekommen: Der erste Lastkraftwagen parkte vor dem Firmensitz am Standort Vogelsang ein. Die Anschaffung hatten die Spediteure sorgfältig geplant und gut durchdacht. Um die Menge der Güter nach wie vor problemlos zu bewältigen, war der Schmidtsche LKW Nr. 1 mit einem geräumigen Anhänger ausgerüstet.

Abschied von Pferd und Wagen. 1912 begann auch in Gevelsberg bei der Spedition Schmidt die neue automobile Zeit.

Elektrische Legenden

Wenn eine Gemeinde die Bezeichnung ‚innovativ' verdient, dann ist es zweifellos die Stadt Gevelsberg. Nicht nur, dass sie als erste Kommune bereits 1890 ein eigenes Kraftwerk besaß und in dieser Zeit auch die bisherigen Gaslaternen im Stadtgebiet gegen eine moderne, elektrifizierte Beleuchtung austauschte - Gevelsberg fuhr ebenfalls schon sehr früh Straßenbahn.

Gemeinsam fährt es sich besser

Zwanzig Jahre, nachdem die „Elektrische" aus dem Hause Werner Siemens in Deutschland Premiere hatte, wurde im April 1900 die Strecke Haspe – Nirgena eröffnet. Sieben Jahre später ging eine weitere Linie von Voerde nach Bruch an den Start, die nach dem Ausbau 1909 bis zur Kirche in Haßlinghausen führte. Im Zuge dieser Aktivitäten ergriff Gevelsberg die Initiative und brachte zusammen mit den umliegenden Gemeinden Mühlinghausen, Milspe und Voerde einen gemeinsamen Straßenbahnbetrieb auf den Weg. Die insgesamt 11,8 Kilometer lange Strecke verlief eingleisig; die Wagen kamen zumeist im 20.Minuten Takt.

Über 50 Jahre hatte die Elektrische im Quartier auf der Schiene zuverlässig und fahrplanmäßig gute Arbeit geleistet. 1956 hieß es dann Abschied nehmen von dem beliebten Verkehrsmittel. Zu unwirtschaftlich, zu riskant wegen des wachsenden Autoverkehrs, zu langsam mit einer Fahrzeit von über fünfzig Minuten im Verhältnis zur Länge der Strecke. Von da an lautete die Parole: Bitte umsteigen in den Bus.

Ein Klettertalent auf der Schiene

Zur Legende ist auch die Straßenbahnlinie 11 zwischen Hagen und Breckerfeld geworden. Die liebevoll „Rosine" genannte Bahn hatte sich während ihrer aktiven Zeit zu einer wahren Bergsteigerin gemausert. Vom ehemaligen Freibad Vockenhagen ging es steil bergan über das Viadukt am Plessen am Fuß der Hasper Talsperre. Ein paar Kilometer weiter via Voerde und das Gebiet „Am Kaiser" musste die 11 noch einmal alle Kraft aufbringen, um die Steigung Richtung Oberbauer zu schaffen. Den letzten Streckenabschnitt zur Endstation Breckerfeld meisterte die „Rosine" selbstverständlich ebenso verlässlich.

Eine starke Demo für Rosine

Als bekannt wurde, dass die Elektrische eingestellt werden sollte, rumorte es unter den Fahrgästen gewaltig. „Wie sollen wir im Winter mit unserer Ausrüstung von Hagen nach Breckerfeld kommen?", fragten sich unter anderem viele Skifahrer erbost. Dann auf der letzten Tour am 2. November 1963, geschah das Unfassbare. Ein Mann hatte sich auf die Gleise gelegt, um die Straßenbahn zu blockieren. Selbst dieser drastische Protest nützte nichts. Das Aus für die 11 war besiegelt.

Nach 50 Jahren im Dienst genießt die Linie 15 heute ihren wohlverdienten Ruhestand im Ennepetaler Depot.

Haßlinghausen
15

4
8

Streckenweise Nostalgie

Höchste Eisenbahn, einen Blick zurück zu werfen und die Weichen in Richtung Vergangenheit zu stellen. Starten wir unsere nostalgische Zugreise am Bahnhof Alter Schee, der ersten Station auf der 1884 eröffneten Strecke von Wuppertal-Wichlinghausen nach Hattingen.

Vom Zug aufs Rad

1887 wurde der Schienenstrang weiter bis nach Silschede verlegt, so dass die Kohlenbahn direkt zu den Zechen im Raum Gevelsberg fahren konnte. Um den Höhenunterschied im Streckenverlauf zu überwinden, entstand parallel der 721 Meter lange, doppelröhrige Scheetunnel. Die letzte Lok mit ihrem Tender ist zwar längst auf einem Abstellgleis verschwunden. Doch auf der ehemaligen Bahntrasse herrscht nach wie vor reger Verkehr. Denn hier verläuft jetzt zu einem großen Teil der Von-Ruhr-zur-Ruhr-Radweg, auf dem täglich viele Menschen sportlich unterwegs sind.

Eine Eisenbahn als profitables Zugpferd

Nostalgisch geht es auch weiter beim Umsteigen in den Teckel. So heißt die Talbahn, die Ende des 19. Jahrhunderts in Betrieb genommen wurde und zwischen Herdecke über Hagen und Gevelsberg bis nach Ennepetal verkehrte. Schon bald entwickelte sich die Bahn pro Zugkilometer zur rentabelsten Strecke der Königlich Preußischen Eisenbahn. Der Güterumschlag wuchs stetig und kräftig; ebenso legten die Zahlen in der Personenbeförderung beachtlich zu.

Doch zumindest für den Personenverkehr kam zum Fahrplanwechsel am 29. Mai 1967 der Schlusspfiff, da immer weniger Pendler die Talbahn nutzten und lieber mit dem Auto zur Arbeit fuhren. Vor einiger Zeit wurde die legendäre Teckel-Strecke reaktiviert. So finden an bestimmten Terminen im Jahr wieder Fahrten statt, die mittlerweile zu einer echten Touristenattraktion geworden sind.

Schwer beladen durch den Tunnel

Der Gütertransport hatte dagegen bessere Chancen. So verkehren bis heute auf den noch vorhandenen Gleisen zwischen Gevelsberg und Ennepetal die Waggons mit ihrer Fracht.. Unterwegs muss der Zug den 80 Meter langen Kruiner Tunnel passieren, eine bauliche Besonderheit auf der Strecke. Denn hier verlaufen Straße und Schienen nebeneinander, so dass sowohl Bahn als auch Kraftfahrzeuge die Unterführung nutzen können. Bei Durchfahrt eines Zuges wird der gesamte Tunnel allerdings für den Straßenverkehr gesperrt.

Alter Kilometerstein

Grünes Licht auf schnellen Straßen

In der Zeit des Wirtschaftswunders gewann die Mobilität an Tempo. Der Traum vom eigenen Motorrad oder gar vom eigenen Wagen rückte für immer mehr Menschen in Reichweite. Denn die Kaufkraft stieg, man konnte sich wieder etwas leisten So besaß 1953 bereits jeder siebte Gevelsberger ein Auto. Eine Anschaffung, für die ein Familienvater mit einem Monatslohn von 450 DM damals tief in die Tasche greifen musste. Beispielsweise kostete ein PKW der Marke DKW in der Basisversion knapp 6000 DM. Erheblich mehr, als einer durchschnittlichen Arbeiterfamilie mit zwei Kindern im Jahr zur Verfügung stand.

Keine Lust auf Stau

Und trotzdem: Der Verkehr nahm unaufhörlich zu, das vorhandene Straßennetz stieß mit seiner Kapazität an die Grenzen, Staus gehörten in den Innenstädten bald zum alltäglichen Ärgernis. Aus dieser verfahrenen Situation konnte es nur eine Konsequenz geben: Neue Straßen braucht das Land.

Also wurde gebaut, was das Zeug hielt. Um die Stadtzentren zu entlasten, entstanden vielfach Umgehungsstraßen; ebenso trieben die Verkehrsplaner und Politiker den Bau von Autobahnanbindungen voran. So auch in Gevelsberg, das 1960 über eine eigene Auf- und Ausfahrt an die Bundesautobahn angeschlossen wurde.

In wenigen Minuten schon am Ziel

Heute zählt die ausgezeichnete Verkehrsanbindung zu den Standortvorteilen, mit denen der Kreis Ennepe-Ruhr im Wettbewerb der Regionen punkten kann. Gerade einmal rund 20 Minuten dauert es, um mit dem Wagen über das dichte Autobahnnetz in die umliegenden Großstädte wie Bochum, Dortmund, Essen, Hagen oder Wuppertal zu gelangen. Ein starkes Argument für die Wirtschaftsförderung, um neue Unternehmen von der Qualität des Reviers zwischen Ennepe und Ruhr zu überzeugen.

Gut angebunden an das dichte Autobahnnetz, bietet der Ennepe-Ruhr-Kreis für die Wirtschaft ausgezeichnete Standortvorteile.

Unterwegs entdeckt

Neugierig auf Sehenswertes

Ungewöhnlich. Überraschend. Unvermutet. Mit der Kamera auf Streife zwischen Ennepe und Ruhr, gibt es viel Interessantes zu entdecken. Bekannte und weniger bekannte Sehenswürdigkeiten liefern dem Objektiv den Stoff für spannende Bildgeschichten, die informieren, unterhalten und Erinnerungen an vergangene Zeiten wecken.

Sie laden ein, mitzukommen an Orte, die neue Perspektiven eröffnen. Vom Untergrund einer heilkräftigen Höhle in die Kirche, um einen berühmten Altar zu besichtigen. Auf die gigantische Staumauer der größten Talsperre im Kreis und weiter zu einer historischen Zeche aus der Blütezeit des Bergbaus. Zu einem Ausflug in eine mittelalterliche Hofschaft, um von da aus mit der Fähre über die Ruhr schippern und am Fuß einer der zahlreichen Burgen anzulegen.

Dies und mehr ist Thema im folgenden Kapitel „Unterwegs entdeckt."

Um 1883 wurde im Muttental die Zeche Hermann mit dem Schacht Margarethe erschlossen, der 60 Meter schräg in die Erde führte.

Gestaute Kraft

Gigantisch. Wenn ein Bauwerk in der Region dieses Prädikat verdient, dann ist es die Ennepetalsperre im Süden der Hansestadt Breckerfeld. Eine Einschätzung, die durchaus im Sinne des Erfinders liegen könnte. Denn kein Geringerer als Professor Otto Intze, legendärer Pionier im Talsperrenbau des 19. Jahrhunderts, hatte die Konstruktionspläne entwickelt, nach denen das Trinkwasser-Reservoir von 1902 bis 1904 errichtet wurde.

Ein Mauerbau als Touristenattraktion

Wie bei jeder Intze-Talsperre bildete auch hier eine monumentale Bruchsteinmauer das Kernstück der Anlage. Ursprünglich rund 51 Meter hoch bei einer Kronenlänge von 320 Metern und einer Kronenbreite von 4,5 Metern wurde die Staumauer bereits wenige Jahre nach dem Bau um weitere 10 Meter erhöht.

Aus Dokumenten von Zeitzeugen geht hervor, wie aufwendig das Umsetzen dieses anspruchsvollen Projektes gewesen ist. Um das benötigte Material schnell zur Baustelle bringen zu können, wurde eigens eine acht Kilometer lange Kleinbahnstrecke von Radevormwald bis zur Staumauer angelegt. Da sich der Bauplatz recht bald zu einer Touristenattraktion entwickelte, gab das Regierungspräsidium die Erlaubnis zur zusätzlichen Personenbeförderung. Ein damals viel genutztes Angebot.

Jede Menge Wasser aus Fluss und Bächen

Gespeist wird die Talsperre hauptsächlich von der Ennepe. Aber auch der Bosseler und Horster Bach, die Umbecke und der Borbach fließen durch den Stausee. Ein Vor- und sechs Seitenbecken säubern das zulaufende Wasser von Sedimenten und anderen Verunreinigungen.

Heute erstreckt sich die Wasseroberfläche des Staubeckens über 103 Hektar; das Fassungsvermögen liegt bei 12,6 Millionen Kubikmetern. Gegenwärtig entnimmt die AVU Gevelsberg als Wasserversorger des Kreises neun Millionen Kubikmeter Wasser im Jahr aus der Ennepetalsperre. Seit 2006 ist außerdem am Standort eine Wasserkraftanlage in Betrieb, die im Jahresdurchschnitt etwa 1,5 Millionen Kilowattstunden erzeugt. Diese Menge reicht aus, um rund 400 Haushalte im Umkreis mit Strom zu versorgen.

Knapp der Katastrophe entkommen

Wer meint, die idyllisch gelegene Talsperre hätte die Zeit seit ihrer Fertigstellung friedlich im Dornröschenschlaf verbracht, irrt sich. So ist es nur der versteckten Lage und der schlechten Ortungsmöglichkeit zu verdanken, dass der Stausee in der Nacht vom 16. auf den 17. Mai 1943 nicht dem massiven Großangriff britischer Bomber zum Opfer fiel. Die Operation ‚Chastise' hatte das Ziel, mit Hilfe von Spezial-Rollbomben deutsche Talsperren zu zerstören, zum Überlaufen zu bringen und auf diese Weise Orte in der Nachbarschaft zu überfluten. Ein Schicksal, dem die Talsperren an Eder und Möhne nicht entkommen konnten.

Mit der Bohrmaschine durchs Fundament

1997 wurde die Ennepetalsperre vom Ruhrverband übernommen. Der neue Betreiber startete umgehend eine umfangreiche Sanierungsaktion, um die marode Staumauer wieder instandzusetzen.

Leichter gesagt als getan. Das Vorhaben entpuppte sich als ein äußerst schwieriges Unterfangen. Bedingt durch die komplexe bauliche Konstruktion der Mauer dauerten die Arbeiten zehn Jahre, wobei unter anderem eine Tunnelbohrmaschine im bergmännischen Vortrieb zum Einsatz kam. Das Gerät hatte die Aufgabe, durch das Fundament der Sperrmauer einen Kontrollgang aufzufahren mit dem Ziel, eintretendes Sickerwasser abzuleiten und damit den Sohlenwasserdruck zu verringern. Nach der Sanierung wurde die Mauer weitläufig umzäunt. Damit war auch die zuvor erlaubte Durchfahrt für Fahrzeuge nicht mehr möglich.

Ennepetalsperre Staumauer

Zur Therapie ins Monument

Auf Krankenstation im Untergrund. Das längste Behandlungszimmer in Deutschland, in dem Patienten mit Asthma, chronischer Bronchitis, Heuschnupfen oder allergischen Hauterkrankungen ihre Beschwerden therapieren lassen können, befindet sich in einer Höhle. Nicht in irgendeiner Höhle, sondern in einem Nationalen Naturmonument, von denen es im Bereich Höhlensysteme gerade mal drei im Bundesgebiet gibt. Jetzt auch in Ennepetal.

Ein Kühlschrank der besonderen Art.

Zufluchtsort, Kurstätte, Touristenattraktion, Heilkammer: Die Nutzung der Klutert-Höhle über die Jahrhunderte hinweg war überaus vielfältig. So beschloss beispielsweise der Brauereibesitzer Johannes Klein aus Schwelm anno 1835, auf dem Gelände Rahlenbecke im heutigen Ennepetal einen Kühlkeller für seine Bierfässer zu bauen. Die dortige Klutert-Höhle bot für diesen Zweck ideale Voraussetzungen. Selbst im Sommer blieb das Bier in dem Steingewölbe gut gekühlt dank der Eisblöcke, die im Winter aus den umliegenden Hammerteichen gebrochen und in den Stollen verbracht wurden. Im Zweiten Weltkrieg diente der ehemalige Bierkeller bis zu 4000 Menschen als Luftschutzbunker.

Alles seit Millionen Jahren verkalkt

Die größte Naturhöhle Deutschlands erstreckt sich über eine Fläche von etwa 8000 Quadratmetern, verbunden mit anderen Höhlen im Klutertberg. Das Areal wird von mehr als 380 Gängen mit einer Länge von über 5800 Metern durchzogen. Entstanden ist die Klutert-Höhle durch Auswaschungen einer mächtigen Riffkalk-Schicht, die vor etwa 370 Millionen Jahren im Devon gebildet wurde. Erste Erwähnung fand die Felsenhöhle in einem Text von 1698. Doch Scherbenfunde deuten darauf hin, dass die Höhle vermutlich schon in vorgeschichtlicher Zeit als Unterschlupf genutzt wurde.

Heute gilt die Schauhöhle als ein beliebtes Ausflugsziel. Etliche Seen, Bäche und die Klutertspring-Quelle gehören zu den touristischen Attraktionen. Jährlich nehmen mehr als 44.000 Besucher an den Führungen durch die Höhle teil

Immer neue Rätsel unter Tage

Auch nach Jahr-Millionen gibt das Klutert-Höhlensystem den engagierten Höhlenforschern vor Ort immer wieder Rätsel auf. So werden in gewissen Abständen neue unterirdische Kammern entdeckt, die durch Gänge und Wasserwege mit dem gesamten Netz verbunden sind. Um diese wertvollen Unter-Tage-Archive der Erdgeschichte zu bewahren, unterliegen die Höhlen im Raum Ennepetal strengen Sicherheitsvorkehrungen und Naturschutzmaßnahmen. Aus diesem Grund bleiben zahlreiche Neuentdeckungen für die Öffentlichkeit gesperrt. Nicht zuletzt der Nachwelt zuliebe.

Die größte Naturhöhle Deutschlands wird von mehr als 380 Gängen mit einer Länge von über 5800 Metern durchzogen.

Sinfonie mit dem Hammerschlag

Bereits vor über 400 Jahren gaben die ersten Hammerwerke den Takt an im Tal der Ennepe. Der Klang war Zeugnis von der traditionellen Metallbearbeitung, die den Bewohnern den Lohn zum Lebensunterhalt verschaffte. Auch das Eisenerz stammte aus der Region, wo es gefördert, verhüttet und weiterverarbeitet wurde.

Der wassergetriebene Alhauser Hammer ist die älteste, noch erhaltene Anlage dieser Art im heutigen Stadtgebiet. Wie aus Dokumenten der Ahlhauserhütte hervorgeht, bestand das Hammerwerk schon anno 1592. Knapp hundert Jahre später baute der Remscheider Clemens Bertram die historische Schmiede zu einem Rohstahlhammer um. Dabei trieb die Wasserkraft den Fallhammer und das Gebläse für das Feuer an, das mit Holzkohle aus den Kohlenmeilern in der Umgebung angefacht und am Brennen gehalten wurde.

Gefragte Variationen aus Eisen

Am Ende des 18. Jahrhunderts verzeichnete die Industrialisierung im Ennepetal einen beachtlichen Aufschwung. Längst waren aus den Schmieden und Wasserhämmern große Fabriken entstanden, deren Besitzer von der starken Nachfrage sowohl aus dem Inland wie auch aus dem Ausland profitierten. Es war die Gründerzeit bedeutender Unternehmerfamilien, die den Ruf Ennepetals als leistungsstarken Wirtschaftsstandort förderten und festigten. So entwickelte sich bis in die 1950er Jahre eine prosperierende Industrie mit dem Schwerpunkt auf der Herstellung von Kleineisenartikeln und Werkzeugen für die unterschiedlichsten Anwendungen.

Die Sinfonie mit dem Hammerschlag ist mittlerweile im Ennepetal nur noch vereinzelt zu hören. Geblieben ist die Erinnerung an eine Blütezeit des Schaffens, die der Stadt Wohlstand, Wachstum und Ansehen in aller Welt gebracht hat.

400 Jahre lang waren die Hammerwerke die Stützpfeiler einer prosperierenden Industrie an der Ennepe.

Kirchenkunst zum Niederknien

Nicht nur für Pilger auf dem Jakobsweg ist der Besuch der einzigen spätgotischen Basilika Westfalens ein Muss. Auch Bewunderer sakraler Kirchenkunst zieht es immer wieder nach Breckerfeld, um die mächtige Architektur der dortigen Jakobus-Kirche zu bestaunen. Die klaren Formen aus unverputztem Bruchstein, die beeindruckenden Kirchenschiffe mit ihrer mächtigen Querung und dem ungewöhnlich großen Chor – all dies belegt die Fertigkeit der damaligen Baumeister.

Von Meisterhand gestaltet

Im Inneren der Basilika wartet ein weiteres Meisterwerk auf den Besucher. Ein Flügelschnitzaltar, der in seiner detailgetreuen Ausarbeitung und der Stimmigkeit der Gesamtkomposition als einzigartig bezeichnet werden darf. Der Mittelschrein ist Maria mit dem Kinde gewidmet, flankiert von den Heiligen Jakobus und Christophorus

Auf den beiden Seitenflügeln befindet sich eine reiche Figurenstaffage mit zwölf weiblichen Heiligen, ein Relief im unteren Teil des Altars stellt das Abendmahl und die Fußwaschung Christi dar. Erdacht und erschaffen wurde der Breckerfelder Jakobus-Altar vermutlich um 1510 in Lübeck vom sogenannten Meister der Rosenkranz-Altäre.

Eine Walfisch-Rippe und andere Schätze

Eine barocke Eichenholz-Kanzel, eine gotisches Kruzifix und ebenso die drei Glocken des Geläuts aus dem 16. Jahrhundert gehören zu den weiteren bedeutsamen Kirchenschätzen. Und noch etwas lässt staunen: An der Westwand des Gebäudes hängt die Rippe eines Wals, die wahrscheinlich Breckerfelder Kaufleute im Mittelalter von ihren Reisen mitgebracht und der Kirche vermacht haben.

Zu den einzigartigen Kirchenschätzen in der Region zählt zweifellos der imposante Flügelaltar in der Breckerfelder Jakobus-Kirche.

Ein Meuchelmord am Erzbischof

Die Angelegenheit ist und bleibt rätselhaft. Der Legende nach gilt als gesichert, dass Engelbert I., Erzbischof von Köln, am 7. November 1225 auf der Rückreise von Soest nach Köln in einem Hohlweg im heutigen Gevelsberg von seinem Verwandten, Graf Friedrich von Isenburg, und dessen Spießgesellen überfallen und erschlagen wurde. Der Isenburger musste seine Tat später elendiglich büßen. Denn fast ein Jahr später genau auf den Tag ergriffen ihn die Schergen und brachte ihn nach Köln, wo er auf dem Folterrad verstarb.

So weit die Geschichte. Trotzdem hält sich hartnäckig die Fama, dass Engelbert „bei Horbach auf der Treppe" in der Gevelsberger Mittelstraße ums Leben kam. Ein Körnchen Wahrheit oder eine fake news aus der Vergangenheit? Überlassen wir des Rätsels Lösung den Historikern.

Hinter Klostermauern

Fest steht, dass am besagten Hohlweg zum Gedenken an den ermordeten Erzbischof ein Zisterzienserinnen-Kloster errichtet wurde, das 1236 erstmals urkundlich Erwähnung fand. Schon bald entwickelte sich das Kloster zu einer Wallfahrtsstätte, wo die Gläubigen den heiliggesprochenen Engelbert von Köln ehren konnten.

Im 16 Jahrhundert wurde das Kloster in ein weltliches Damenstift umgewandelt. Nach dessen Abbruch in 1827 sah es anfangs so aus, als wäre das Schicksal der Anlage endgültig besiegelt. Glücklicherweise hatten die Verantwortlichen in der Kommune ein Einsehen und stellten die nötigen Mittel zur Verfügung, um die historische Stätte, die heute wieder zu besichtigen ist, neu zu gestalten.

Mit himmlischem Segen

Übrigens: Auch um die Gründung des Klosters rankt sich eine geheimnisvolle Legende. Kurz nach dem Mord an Engelbert kam ein Schmied mit seinem Sohn am Tatort vorbei, als plötzlich eine brennende Kerze aus der Erde wuchs. Eilig verließen die beiden den unheimlichen Ort und berichteten dem Priester Berthold in Schwelm von ihrer Vision. Dieser sah darin ein Gotteszeichen und rief dazu auf, genau an diesem Platz ein Kloster zu erbauen.

Sein Vorschlag bekam wenig später himmlische Unterstützung. Denn als man einen Kranken auf einer Bahre an den Ort brachte, erschien der tote Erzbischof und schritt die Stelle ab, auf der das Kloster erstehen sollte. Damit stand mit Engelberts Segen dem Bau des Klosters nichts mehr im Wege.

Fensterbild der Ermordung von Erzbischof Engelbert

Schutz und Trutz

Wir schreiben das 14. Jahrhundert, als der Erzbischof von Köln beschloss, am Rande von Schwelm einen kurkölnischen Burgmannssitz zu errichten. Die einstige Wasserburg Haus Martfeld, was so viel wie sumpfiges Gelände bedeutet, hatte die Aufgabe, die erzbischöflichen Besitzungen zwischen Ruhr und Wupper zu verteidigen.

Ursprünglich im Besitz der Ritter vom Geschlecht Wandhoff, wechselte das Anwesen in den folgenden Jahrhunderten immer wieder den Eigentümer. Zum Glück handelte es sich stets um Leute mit Sachverstand, die in das alte Gemäuer und das umliegende Gelände investierten. So kam Anbau zu Anbau, die den Baustil der vergangenen Epochen widerspiegelten.

Ein Schloss mit Zuwachs

Zum ältesten Teil des Hauses Martfeld gehört der Rundturm aus dem Jahr 1450. Im 17. Jahrhundert ließ Adolf Wilhelm Raitz von Frentz einen neuen Nordflügel sowie einen viereckigen Torturm mit Zugbrücke errichten. Auf Geheiß des neuen Besitzers Johan Peter Hochstein entstand um 1755 der Südflügel, der dem Ensemble seine heutige Gestalt gibt.

Im 19. Jahrhundert war es dann Friederike Freifrau von Elverfeldt, die sich um das Umfeld von Haus Martfeld kümmerte und den prächtigen Park anlegte. Das Areal ist mit einer Fläche von 9,4 ha das größte Parkgrundstück im Schwelmer Stadtgebiet. Sehenswert vor Ort: Die neugotische Grabkapelle, die 1860 nach den Plänen des Kölner Baumeisters Vincenz Statz erbaut wurde

Ein Treffpunkt für Kunst und Unterhaltung

Seit 1954 im Besitz der Stadt Schwelm, beherbergt Haus Martfeld heute das Heimatmuseum und auch das Stadtarchiv. Außerdem ist das Schloss ein beliebter Veranstaltungsort für Konzerte, Messen, Märkte und Ausstellungen. Also auf jeden Fall einen Abstecher wert.

Haus Martfeld in Schwelm steht für eine wechselvolle, 700 Jahre alte Schlossgeschichte.

Auf ein Neues!

Mit Licht geschrieben – mit Begeisterung erzählt.

Die Bildgeschichten von Ennepe und Ruhr sind für heute zu Ende. Aber die Reise geht weiter. Denn jetzt ist es Zeit für eine ganz persönliche Entdeckungs-Tour durch eine wunderschöne Region. Hier warten neue Geschichten darauf, berichtet zu werden. Über spannende Plätze mit Vergangenheit. Über lebendige Städte mit Zukunft. Über Unbekanntes und Wiedergefundenes. Über die Heimat, in der wir zu Hause sind.

Gehen Sie mit auf Motivsuche. Die Fotos auf den folgenden Seiten möchten Ihren Spürsinn anregen, die Frage nach dem „Wo?" zu lösen. Auf dem Weg zur Antwort werden Sie viel Interessantes sehen und viel Wissenswertes erfahren. Viel Spaß dabei.

Nicht nur Pilgerreisende machen an diesem Brunnen in Breckerfeld gerne Rast.

Mühlen Breckerfeld

Ein Freilichtmuseum am Rande von Breckerfeld mit einer Bockwindmühle aus dem Jahre 1846 und weiteren historischen Gebäuden

Ruhrfähre Hardenstein „Fährmann, hol' über."

Bei der Burgruine Hardenstein ist der beliebte Shuttle-Dienst von morgens bis abends im Einsatz

Haus Kemnade – Außen wuchtig, innen kostbar.

In diesem Schloss unweit des Kemnader Sees laden interessante Ausstellungen zur Besichtigung ein.

Engelbert-Denkmal

Das beeindruckende Monument in Gevelsberg wurde zur Erinnerung an den grausam ums Leben gekommenen Erzbischof Engelbert errichtet.

Alte Haase

Eins der größten und ältesten Bergwerke befindet sich in Sprockhövel. Ein Hingucker ist der Förderturm aus drei Meter dickem Mauerwerk.

Sprockhövel

Immer in Richtung Zwiebelturm. Die ehemalige Bergbaustadt Sprockhövel hat einiges zu bieten.

1897
Zeche Alte Haase
Schacht I/II

Henriette Davidis
Museum

Henriette Davidis

In diesem Häuschen in Wetter schrieb dereinst die erste Kochbuchautorin Deutschlands ihre Rezepte „Man nehme …“

Gut Ahlhausen

Der frühbarocke Gutshof befindet sich in unmittelbarer Nähe der Ennepe. Ortskundige helfen bei der Suche gerne weiter.

MIT LICHT GESCHRIEBEN

BILDGESCHICHTEN VON ENNEPE UND RUHR

Herausgeber: Thomas G. Halbach

ISBN 978-3-945763-83-4

1. Auflage, September 2019

Bergischer Verlag
RS Gesellschaft für Informationstechnik mbH & Co. KG
Verleger Arndt Halbach, Martin Czialla
Auf dem Knapp 35, D-42855 Remscheid
http://www.bergischerverlag.de
E-mail: info@bergischerverlag.de

Buchkonzept/Texte: Brigitte Waldens
Fotos: Günter Lintl
Layout und Gesamtherstellung: Bergischer Verlag,
Ernst-Wilhelm Bruchhaus

Unserer besonderer Dank gilt Dr. Dietrich Thier, Vorsitzender des Kreisheimatbundes Ennepe-Ruhr, für die kritische Durchsicht und sachliche Prüfung von Text und Bild.